Ways to Escape One's Former Country

ISBN 978-3-9524764-0-6
This book is for free and may not be sold.

This book would not have been possible without the invaluable support of Silvia Converso, Sibille Ciarloni, Anna Jurczak, Khusraw Mostafanejad, Leila Peacock, Dr. Urs Gösken, Philipp Rühr, Abdelaziz Zerrou, Vera Reifler and Sarah Basyouny.

We also would like to thank:

La Fondation Du Jubilé de la Mobilière Suisse, Mahari-Stiftung,
Stelle für Kultur der Stadt Zug, Stadt Zürich Kultur, Stiftung Erna und Curt Burgauer, and Paul Schiller Stiftung Zurich.

Stefan Baltensperger + David Siepert

la Mobilière Stadt Zürich Kultur ZUG stadt

Ways to Escape One's Former Country

Handbook for an Uncertain Migration

Baltensperger + Siepert
B+S Productions, Zürich, 2017

Handbook for an Uncertain Migration

We find ourselves on a journey.
Everyone has their own reasons.

Maybe you're trying to make your way from a periphery to a centre. Maybe your place of origin suffered a disaster, or you're trying to escape principles imposed.

Maybe you're following the traces of your dreams.

Those traces know no territories or borders. Follow those traces. Some are built along commercial routes. Others are

استخدم مخيلتك كأثر تسترشد به في الرحلة الشاقة الخاصة بك. اختر منظورك!

لا تقل إنك عارف هذه القصص. لا توجد القصة الوحيدة. القصص متضافرة مع قصص أخرى. إنما هي منظورات قصيرة الأجل ووجهات نظر تنتقل إلى القصة التالية في اللحظة اللاحقة.

يتم وصف ١٨ طريقاً ممكناً إلى أوروبا في هذا الدليل. استفد منها لتتصور الرحلة الشاقة الخاصة بك.

Handbuch für eine ungewisse Migration

Wir alle befinden uns auf einer Reise.
Jeder hat seine eigenen Gründe.

Vielleicht versuchst Du, von der Peripherie zu einem Zentrum zu gelangen. Vielleicht hat der Ort Deiner Herkunft Schiffbruch erlitten, oder Du versuchst aufgezwungenen Prinzipien zu entkommen.

Vielleicht folgst Du den Spuren Deines Traums.

Die Spur kennt keine Grenzen und keine Territorien. Orientiere Dich an der Spur. Teilweise wurde sie durch Handelswege gelegt.

described in the novels of our times, told to us by the media that we often mistake for the truth.

You aren't a commodity. Move autonomously. You know your path. Embark on your own odyssey.

Maybe you're lucky and you are able to see the world as full of possibilities. Some imagine it as full of pain. Others see the world through the lens of fear. Don't despair at the rust of the world.

Use your imagination as a trace for your own odyssey. Choose your perspective.

الآثار لا تعرف حدوداً ولا أراضي. استرشد بالأثر. بعض الآثار وضعتها الطرقات التجارية. بعضها توصف في رواية الزمان التي تقصها علينا وسائل الإعلام ونخلط بينها وبين الواقع.

لست بقطعة من البضائع التجارية. تحرك واثقاً بنفسك. تعرف طريقك. انطلق في الرحلة الشاقة الخاصة بك.

ربما تكون محظوظاً فيتسنى لك أن تنظر إلى العالم كمكان الإمكانيات. بعض الناس يتصورون أن العالم مليء بالألم. بعضهم الآخر يرى العالم من منظور الخوف. لا تيأس من صدأ العالم.

Teilweise durch den Roman der Geschichte, die Dir die Medien erzählt haben. Den Roman der Geschichte, den wir mit der Wirklichkeit verwechseln.

Du bist keine Handelsware. Bewege Dich souverän. Du kennst Deine Route. Begib Dich auf Deine eigene Irrfahrt. Verzweifle nicht am Rost der Welt. Einige stellen sich die Welt voller Schmerz vor, andere sehen die Welt durch die Brille der Angst. Vielleicht hast Du Glück und siehst die Welt als Ort mit unzähligen Möglichkeiten.

Nutze die Vorstellung als Spur für Deine eigene Irrfahrt. Wähle Deine Perspektive.

Don't say that you already know this story. There's never just one story. Each one is woven into another. These short-term perspectives, points of view, pass from one story to another in the blink of an eye.

This handbook describes eighteen possible routes into Europe. Use them to imagine your own odyssey.

دليل تعليمات لهجرة غامضة

نحن في رحلة. لكل واحد أسبابه الخاصة.

ربما تحاول أن تنتقل من الأطراف إلى مركز ما. ربما تدهور وضع وطنك الأصلي أو تحاول الهروب من المبادئ المفروضة عليك.

ربما تتبع آثار حلمك.

Sag nicht, dass Du diese Geschichte bereits kennst. Es gibt nicht die eine Geschichte. Geschichten sind verwoben mit anderen Geschichten. Eine kurzzeitige Perspektive, eine Betrachtungsweise, die bereits einen Augenblick später in eine andere Geschichte übergeht.

18 mögliche Routen nach Europa werden in diesem Handbuch beschrieben. Nutze sie als Spur, um Dir Deine eigene Irrfahrt vorzustellen.

one way from

Afghanistan

to Europe

Do you believe in the Holy War?
Would you like to be a part of this war?

If not, stay in your hiding place. Wait 20 days, while your trip is organized. Your teacher is looking for you. Your father will undertake all necessary steps .

Your teacher is pressuring you. He wants you to join the Holy War. After each lesson he teaches you and others how to handle weapons. He extorted $2,000 from your father to delay your departure.

Your neighbor could help you. He's helped people like you many times before. The price will be high. Everyone in town

على مأوى تنام فيه واستلقيت على دكةٍ في حديقة عامة، سوف يرشّونك بالماء. في الشتاء يمكن أن تموت نتيجةً لذلك.

إن تغلبت على كل هذه الصعوبات ربما تصل إلى مقصدك في وقت ما. إلا لو كنت تشترك في الجهاد.

Glaubst Du an den Heiligen Krieg?
Möchtest Du Teil davon sein?

Falls nicht, dann verharre in Deinem Versteck. Warte 20 Tage. Dann ist Deine Reise organisiert. Dein Lehrer sucht nach Dir. Dein Vater wird das Notwendige in die Wege leiten.

Dein Lehrer drängt Dich. Du sollst in den Heiligen Krieg ziehen. Jeweils nach dem Unterricht lehrt er Euch, wie mit einer Waffe umzugehen ist. 2'000 USD hat er von Deinem Vater erpresst, um Deine Abreise hinauszuzögern.

Euer Nachbar könnte Euch helfen. Er hat schon oft Leuten wie Dir geholfen. Der Preis wird hoch sein. Jeder im Ort weiss, dass

knows you have money. To plan your disappearance, your father will pay $4,000. He'll give you $400 to take with you on your journey.

You'll take a minibus to Nimrus. You'll leave the bus at a garage. Wait at the garage gate until someone comes by with a car, stops and asks you to get in. This man will drive you to the Pakistani border.

Wait there for a person who asks you to follow him. You won't be waiting alone.

You will cross the border on foot. 30 hours you'll be on the road together. Water and food will be provided by your travel

في الجزيرة يوجد مخيم لناس مثلك. لا تبقَ في المخيم، اذهب إلى أثينا وخطط لمواصلة طريقك من هناك.

لن يبقى شيء من النقود التي أعطاها لك والدك. سيجب أن تطلب نقوداً مرة ثانية.

واصل سفرك براً. الطريق آمن الآن، ولكنه يجب أن تكون على حذر من الناس. احذر رجال الشرطة خاصةً. سينهبون ممتلكاتك. يطالبونك بالنقود مقابل السماح بأن تركب القطار أو الحافلة التالية. إن لم تحصل

Ihr Geld habt. Um Dein Verschwinden zu planen, wird Dein Vater 4'000 USD bezahlen. 400 USD gibt er dir mit auf die Reise.

Mit einem Kleinbus wirst Du bis Nimrus fahren. Bei einer Autowerkstatt wirst Du den Bus verlassen. Warte am Tor der Werkstatt, bis jemand mit einem Auto herangefahren kommt, hält, Dich auffordert einzusteigen. Dieser Mann wird Dich zur pakistanischen Grenze fahren.

Warte dort auf eine Person, die Dich auffordert, ihr zu folgen. Du wirst nicht alleine warten.

Ihr werdet die Grenze zu Fuss überqueren. 30 Stunden werdet ihr zusammen unterwegs sein. Wasser und Essen erhältst Du

companion.

On the other side, there will be 3 pick-ups. They'll take you to a nearby cave. Three nights you'll wait there. Then you will go on.

Those who can pay 25 USD will get a piece of bread and two eggs to eat. To continue your journey, you'll have to pay extra. You're lucky, your father will pay the sum for you.

You'll leave at 1:00 a. m.. Hold on tightly when you're driving on the back of the pick-up. If you fall off, they won't stop. They'll leave you behind, injured.

مساعدك التذكرة المضبوطة ويدك على الحافلة.

ابحث عن ناس وافدين من أفغانستان وأنت في إسطنبول. تستطيع الثقة بمواطنيك، سيساعدونك على مواصلة السفر. اسألهم عمّن يستطيع أن يوصلك إلى اليونان بسلامة.

اتصل بوالدك. أطلب منه النقود مرة أخرى. يكلف العبور إلى اليونان ١٧٠٠ دولار أمريكي. يبلغ طول القارب المطاطي ثمانية أمتار وسوف ينقل كثيراً من الناس. إن تعطل المحرك فعليك أن تجذف يدوياً. توقّع حدوث ذلك. ربما لا يكفي الوقود إلا إلى منتصف الطريق. في هذه الحالة يمكن ألا تصل إلى جزيرة من الجزر اليونانية إلا بعد ساعات كثيرة.

von Deinem Begleiter.

Auf der anderen Seite werden 3 Pick-Up bereitstehen. Sie werden Euch zu einer nahen Höhle fahren. 3 Nächte werdet Ihr dort warten. Dann geht es weiter.

Jene, die 25 USD bezahlen können, werden ein Stück Brot und zwei Eier zum Essen kriegen. Um weiterzureisen, wirst Du nachzahlen müssen. Du hast Glück, dein Vater wird den Betrag für Dich bezahlen.

Nachts um eins werdet ihr aufbrechen. Halte Dich gut fest, wenn Du auf der Ladefläche des Pick-Up fährst. Sie werden nicht anhalten, wenn Du runterfällst. Sie würden Dich verletzt liegen

The trip to the Iranian border takes only a few hours. In Iran you will travel alone.

You will receive an address in Tehran. Travel by bus to Tehran and find the address.

The Iranian travel assistants will be waiting for you. If you're unlucky, your Afghan helpers keep the money and don't pay your helpers in Iran. Then you'll be locked up. They'll hold you till someone pays for you.

If you have anything left over from the money your father gave you, you can try to bribe a guard and then escape.

سوف تعيد تحديد موضعك. ستحتاج إلى النقود. ربما يستطيع والداك أن يرسلا لك نقوداً مرة أخرى.

يجب أن تجد مساعدين جدداً.ابحث عمّن يستطيع أخذك إلى قرب الحدود التركية. قرب الحدود يوجد ناس كثيرون يقدمون مثل هذه الخدمات. سوف يدلك مساعدك الجديد على المكان الذي يسهل مجاوزة الحدود منه. احذر الدوريات الحدودية، يطلق رجالها الرصاص الحي. إن كان حظك سيئًا فتصاب.

في حالة أن لا تصاب بالرصاص، سيسلمك مساعدك إلى أحد زملائه في الجانب الآخر. هذا سيوصلك بحافلة صغيرة إلى مكان قريب من إسطنبول. يجب أن تركب حافلة عمومية لتطوي آخر مرحلة. يعطيك

lassen.

Die Fahrt bis über die iranische Grenze dauert nur ein paar Stunden.

Im Iran wirst Du alleine reisen. Du wirst eine Adresse in Teheran erhalten. Reise mit dem Bus und such die Adresse. Die iranischen Reisehelfer werden bereits auf Dich warten.

Wenn Du Pech hast, haben Deine afghanischen Helfer das Geld behalten und die im Iran nicht bezahlt. Dann wirst Du eingesperrt werden. Sie werden Dich festhalten bis jemand bezahlt.

Wenn Du von dem Geld, das dein Vater dir mitgegeben hat, noch etwas übrig hast, kannst Du versuchen, einen Aufpasser zu

You'll reorient yourself. You will need money. Maybe your parents can send you another installment.

You need to find new helpers. Look for someone who can drive you near the Turkish border. Near the border there are many people offering such services.

Your new helper will show you where the border is easy to cross. Watch out for the border patrols, they shoot at people with a live cannon. If you're unlucky, you'll get hit.

If you are not hit, your helper will hand you over to a colleague on the other side. He will take you in a minibus to

ستسافر لوحدك وأنت في إيران.

سوف تتلقى عنواناً في طهران. سافر إلى طهران بالحافلة وابحث عن العنوان.

المساعدون على السفر من الإيرانيين في انتظارك. إن كان حظك سيئاً فقد احتفظ مساعدوك من الأفغان بالنقود ولم يدفعوا السفر في إيران. إذاً ستُحبس. سيحبسونك حتى يدفع أحد.

إن كان قد بقي لك شيء من النقود التي أعطاها لك والدك لتأخذها معك فتستطيع أن تحاول رشو أحد الحراس وثم الهروب.

bestechen und dann zu fliehen.

Du wirst Dich neu orientieren. Du wirst Geld brauchen. Vielleicht können dir Deine Eltern noch einmal Geld senden.

Du musst neue Helfer finden. Suche nach jemandem, der Dich in die Nähe der türkischen Grenze fahren kann. Nahe der Grenze gibt es viele Leute, die solche Dienste anbieten.

Dein neuer Helfer wird dir zeigen, wo die Grenze einfach zu passieren ist. Nimm Dich in Acht vor den Grenzpatrouillen, sie schiessen mit scharfem Geschütz. Wenn Du Pech hast, wirst Du getroffen.

Solltest Du nicht getroffen werden, wird Dich dein Helfer auf der

Istanbul. For the last part of the trip you have to take a bus. Your helper will give you the right ticket and show you the bus.

In Istanbul search for people from Afghanistan. You can trust your own countrymen, they will help you. Ask them about someone who can get you safely to Greece.

Call your father. Ask him for money again. 1'700 USD will be charged for the crossing to Greece. The rubber boat measures 8 metres and will transport many people. If the engine shuts down, you will have to paddle by hand. Be prepared. It is possible that the petrol may only be sufficient for half the

في الجانب الآخر ستجد ثلاث شاحنات صغيرة جاهزة. ستوصلكم إلى مغارة قريبة. ستنتظرون هناك ثلاث ليالٍ. ثم يبدأ السفر من جديد.

الذين يقدرون على دفع ٢٥ دولاراً أمريكياً سيحصلون على قطعة من الخبز وبيضتين للأكل. لمواصلة السفر عليك أن تدفع مبلغاً إضافياً من النقود. إنك محظوظ لأن والدك سوف يدفع المبلغ نيابة عنك.

سوف تنطلقون في الساعة الواحدة بالليل. تمسك جيداً وأنت قاعد على مساحة تحميل الشاحنة الصغيرة. إن وقعت من عليها فلن يقفوا. سيتركونك جريحاً على الأرض.

السير إلى ما وراء الحدود الإيرانية لا يستغرق إلا بضع ساعات.

anderen Seite einem Kollegen übergeben. Dieser bringt Dich in einem Minibus bis kurz vor Istanbul. Das letzte Stück musst Du in einem Linienbus fahren. Dein Helfer gibt dir das richtige Ticket und zeigt dir den Bus.

Suche in Istanbul nach Leuten aus Afghanistan. Deinen Landsleuten kannst Du vertrauen, sie werden Dir weiterhelfen. Frag sie nach jemandem der Dich sicher nach Griechenland bringen kann.

Ruf Deinen Vater an. Bitte ihn noch einmal um Geld. 1'700 USD kostet die Überfahrt nach Griechenland. 8 Meter misst das Schlauchboot und es wird viele Menschen transportieren. Es kann sein, dass das Benzin nur für den halben Weg ausreicht.

way. It can take many hours until you reach a Greek island.

There's a camp on the island for people like you. Don't stay in the camp, go to Athens and plan your way from there.

There won't be anything left of the money your father sent you. You will have to ask for money again.

Continue your journey by land. The road is now safe, but beware of the people. Be especially careful with cops. They will rob you. They charge you money to get on the next train or bus. If you can't find a place to sleep and happen to lie down on a bench in a park, they'll drench you with water.

النقود. سيدفع والدك ٤٠٠٠ دولار أمريكي ليخطط لاختفائك. يعطيك ٤٠٠ دولار لتأخذها معك.

ستأخذك حافلة صغيرة حتى نيمروز. ستنزل من الحافلة عند ورشة لتصليح السيارات. انتظر على باب الورشة أن يقترب شخص بسيارة يقف ويطلب منك أن تركب. هذا الرجل سيأخذك بالسيارة إلى الحدود الباكستانية.

انتظر هناك شخصاً يطلب منك أن تتبعه. لن تنتظر لوحدك.

ستجاوزون الحدود مشياً. ستكونون في الطريق معاً لمدة ٣٠ ساعة. الماء والطعام سيعطيهما لك مرافقك لتأخذهما معك.

Falls der Motor ausgeht, wirst Du von Hand paddeln müssen. Sei darauf gefasst. Es kann viele Stunden dauern, bis Du dann eine griechische Insel erreichst.

Auf der Insel gibt es ein Camp für Menschen wie Dich. Bleib nicht im Camp, geh nach Athen und plane dort deinen weiteren Weg.

Von dem Geld, das dir dein Vater geschickt hat, wird nichts mehr übrig sein. Du wirst ein weiteres Mal nach Geld fragen müssen.

Setze die Reise auf dem Landweg fort. Der Weg ist nun sicher, aber vor den Menschen musst Du Dich in Acht nehmen. Nimm Dich besonders vor Polizisten in Acht. Sie werden Dich berau-

In winter, this can be deadly.

If you get through all these adversities, you may eventually reach your goal. Or else you'll go to the Holy War.

هل تؤمن بالجهاد؟
هل تريد أن تشترك فيه؟

وإلا فاصبر في مخبأك. انتظر لمدة٢٠ يوماً. ثم سيكون تحضير سفرك قد اكتمل. معلمك يبحث عنك. سيتخذ والدك الخطوات اللازمة.

معلمك يلح عليك. عليك أن تشترك في الجهاد. بعد انتهاء الدرس يعلمكم كيفية استعمال السلاح. ابتز ٢٠٠٠ دولار من والدك بالتهديد ليؤخر مغادرتك.

قد يستطيع جاركم أن يساعدكم. سبق له أن ساعد ناساً مثلك مراراً. سيكون الثمن غالياً. كل من في القرية يعرف أن تملكون كثيراً من

ben. Sie verlangen Geld dafür, dass Du in den nächsten Zug oder Bus einsteigen darfst. Wenn Du keinen Schlafplatz findest und Dich in einem Park auf eine Bank legst, werden sie Dich mit Wasser bespritzen. Im Winter kann das Deinen Tod bedeuten.

Wenn Du all diese Widrigkeiten überstehst, erreichst Du vielleicht irgendwann Dein Ziel. Oder aber Du ziehst in den Heiligen Krieg.

طريقة واحدة من

أفغانستان

إلى أوروبا

one way from Afghanistan to Europe

Your husband was killed. They stole your land.
You and your four kids have to leave.

You do not earn enough to support all four kids.
You already have two jobs.
You can't find better paid work.

You do not want to accept the offer. You do not want to sell your son to the men who are looking for sex with boys.

Sell your land. It technically still belongs to you.
Give the 5000 Afghani to your son and bring him to Nimrus.
The car arrives on time. It doesn't wait, not even for a child.
He must travel alone, no one can accompany him.

القوارب جيدة. ستقاوم البحر إلى أن يصبح الساحل اليوناني في مرمى الرؤية، أما بعد فسوف تنحل طبقة فطبقة. قولي له أن يتمسك بيده بما تبقى من القارب إلى أن يجده المساعدون ويجرّونه من الماء.

في اليونان يتم تموينه بكل شيء: طعام، مبيت، ثياب. ولكن عليه أن يبحث عن العمل ويدخر النقود. يحتاج إلى النقود لمواصلة السفر والشرب والأكل. سيسافر من قرية إلى قرية ومن مدينة إلى مدينة ومن مخيم إلى مخيم بالحافلة والقطار ومشياً.

من هناك فصاعداً لن يُرشده أحد.

Dein Mann wurde getötet. Euren Acker haben sie genommen.
Du und deine 4 Kinder mussten gehen.

Du verdienst nicht genug um all 4 Kinder zu ernähren.
Du hast bereits zwei Jobs.
Eine besser bezahlte Arbeit kannst Du nicht finden.

Du willst das Angebot nicht annehmen. Du willst Deinen Sohn nicht an die Männer, die Sex mit Knaben suchen, verkaufen.

Verkauf den Acker, rechtlich gehört er noch Dir.
Gib Deinem Sohn die 5000 Afghani und bring ihn nach Nimrus.
Das Auto fährt pünktlich. Es wartet nicht, auch nicht auf ein Kind. Er muss alleine reisen, niemand kann ihn begleiten.

The drive to the border will last several hours.
Tell him that he is not allowed to speak!
He needs good shoes to get over the border.

A black Toyota pick-up waits on the other side of the border.
The Pakistani waits for him inside.
If they are stopped, he should pay whatever they are asking for.

He will be brought to a mountain hut, where he will wait for the Iranian for two weeks.

Six hours walking distance from the Iranian border there is a mini bus. He should board it. Tell him he should walk quickly.

إن نجح في العبور فسوف يستلمونه وراء الحدود.

يبحثون نهاراً واحداً وليلة واحدة. بعد ذلك ينطلقون سواء أوجدوه أم لا.
في إسطنبول عليه أن يعمل لمدة شهر ليقبض النقود.
قولي له إنه يجب أن يكون مستعداً للانطلاق في أي وقت كان.
يأتون ويأخذونه في يوم غير محدد.

يؤديه الطريق إلى الساحل ومن هناك إلى اليونان.
تنطاق القوارب في الساعة الرابعة صباحاً.
عليه أن يركب القارب المطاطي الحامل لأقل عدد من الركاب.

إن لم يزد عدد الركاب على ٣٠ شخصاً فيُستبعد أن ينقلب القارب.

Die Fahrt zur Grenze wird einige Stunden dauern.
Sag ihm, es wird nicht gesprochen!
Er braucht gute Schuhe, um die Grenze zu überqueren.

Hinter der Grenze wartet ein schwarzer Toyota Pick-Up.
Der Pakistani wird darin auf ihn warten.
Wenn sie angehalten werden, soll er bezahlen, was auch immer verlangt wird.

Er wird auf eine Berghütte gebracht, dort wird er 2 Wochen auf den Iraner warten.

6 Laufstunden hinter der iranischen Grenze steht ein Minibus, in diesen soll er einsteigen. Sag ihm, er soll zügig laufen. Der Bus

The bus doesn't wait for long.

The mini bus brings him to a hideout.
It is an apartment in Kerman.
He will be locked up. He will not be alone.
He will receive bread and water and sometimes also yoghurt.
If he is silent and you pay extra, nothing will happen to him.
The weapons are only for his security.

He will be brought to the border with a bus. There he is on his own.

The border police can pursue someone for days. Tell him to leave the injured behind. He must run for his life.

قولي له أن يمشي بسرعة. لا تنتظر الحافلة طويلاً.
تُقله الحافلة الصغيرة إلى مخبأ. هو شقة في كرمان.

يُغلَق باب الشقة عليه. لن يكون وحيداً.
سيُحضر له الخبز والماء وفي بعض الأحيان اللبن أيضاً.

إن كان هادئاً ودفعت مبلغاً إضافياً من النقود فلن يحدث له شيء.
لا توجد الأسلحة إلا لأجل سلامته.

تأخذه حافلة إلى الحدود التركية. هناك يجب أن يقرر مصيره لوحده.
يحدث أن يتعقب رجال شرطة الحدود المرء لمدة أيام.

قولي له أن يترك الجرحى على الأرض ويركض لإنقاذ حياته.

wartet nicht lange.

Der Minibus bringt ihn zu einem Versteck.
Es ist eine Wohnung in Kerman.
Er wird eingeschlossen. Er wird nicht allein sein.
Er wird Brot und Wasser, manchmal auch Jogurt bekommen.
Wenn er still ist und Du nachzahlst, wird ihm nichts geschehen.
Die Waffen sind nur zu seiner Sicherheit.

Zur türkischen Grenze wird er mit einem Bus gebracht. Dort ist er auf sich gestellt.

Die Grenzpolizisten können einen tagelang verfolgen. Sag ihm, er soll Verletzte liegen lassen, er soll um sein Leben rennen.

If he manages this, he will be collected on the other side of the border. They search for one day and one night. After that, they leave with or without him.

In Istanbul he should work for a month to earn money.
Tell him that he must be prepared to leave at any moment.
He will be picked up on an undetermined day. Then he will go to the coast and from there on to Greece.

The boats launch at four in the morning.
He should board the dinghy with the fewest people.
If there are fewer than thirty people on the boat, it has a good chance of not capsizing.

يجب أن يسافر لوحده، لا أحد يستطيع أن يرافقه.
السير إلى الحدود سوف يستغرق بعض الساعات.
قولي له: لا يُسمح بالكلام!
الأحذية الجيدة لا بد منها لعبور الحدود.

وراء الحدود ستنتظر شاحنة صغيرة سوداء من طراز تويوتا.
سينتظره فيها الباكستانيون.
إذا وُقفوا فعليه أن يدفع أي مبلغ طُلب.

يتم نقله إلي كوخ في الجبال، سينتظر الإيراني فيه لمدة أسبوعين.
توجد حافلة صغيرة وراء الحدود الإيرانية بست ساعات من المشي. يجب أن يركبها.

Wenn er es schafft, wird er auf der anderen Seite der Grenze eingesammelt. Sie suchen einen Tag und eine Nacht. Danach fahren sie, mit oder ohne ihn.

In Istanbul soll er einen Monat arbeiten, um Geld zu verdienen.
Sag ihm, dass er jederzeit abreisebereit sein muss.
Er wird an einem unbestimmten Tag abgeholt. Dann geht es zur Küste und von dort aus weiter nach Griechenland.

Die Boote fahren um 4 Uhr morgens los.
Er soll auf das Schlauchboot mit den wenigsten Menschen.
Wenn nicht mehr als 30 Personen auf dem Boot sind, wird er gute Chancen haben, nicht zu kentern.

The boats are good. They will wait until the Greek coast is in eyeshot and then they will dissolve layer by layer. Tell him he should hold on to the remains of the boat with one hand until rescuers find him and pull him out of the water.

In Greece, he will be supplied with everything. Food, clothes, a place to sleep. But he should search for work and put aside some money. He needs money for the journey ahead, for food and water. He will travel from village to village, city to city and camp to camp by bus, by train and by foot.

But at that point no one will guide him anymore.

قُتل زوجك. قد أخذوا منكم حقلكم. أنت وأولادك الأربعة كنتم مضطرين للذهاب.
راتبك لا يكفي لإطعام كل الأولاد الأربعة.
لقد أصبحت تعملين في مكاني عمل اثنين.
لا تستطيعين الحصول على عمل مقابل راتب أعلى.

لا تريدين أن تقبلي العرض.
لا تريدين أن تبيعي ابنك للرجال الذين يمارسون الجنس مع الصبيان.

بيعي الحقل، ما زال مملوكاً لك بموجب القانون.
أعطي ابنك الـ ٥٠٠٠ أفغاني وأوصليه إلى نيمروز.

تنطلق السيارة في الموعد المحدد. لا تنتظر أحداً، ولا الولد أيضاً.

Die Boote sind gut. Sie werden halten bis die griechische Küste in Sichtweite ist, danach werden sie sich Schicht für Schicht auflösen. Sag ihm, er soll sich mit einer Hand an den Bootsresten festhalten. So lange, bis ihn Helfer finden und aus dem Wasser ziehen.

In Griechenland wird er mit allem versorgt. Nahrung, Schlafplatz, Kleider. Aber er soll Arbeit suchen und sparen. Er braucht Geld für die Weiterreise, für Essen und Trinken. Er wird von Dorf zu Dorf, Stadt zu Stadt und Camp zu Camp mit Bus, Zug und zu Fuss reisen.

Ab da wird ihn niemand mehr anleiten.

طريقة واحدة من

أفغانستان

إلى أوروبا

one way from

Afghanistan

to Europe

They are already looking for you. There's no time to pack. There's no time to say goodbye to your parents. Listen to your uncle, get into his car and leave immediately.

They found out everything. She is safe, but you must pay the price for her virginity. You are to die.

They must not see you.
Lay flat in the back of the car.
Leave the city.

It only takes thirty minutes to get to your uncle's vacation

لا أحد يرحب بكما.

حاولا أن تصلا إلى سويسرا. لك أقارب فيها. إن نجحتما في الوصول إليها فأنتما في أمان.

لعمك أن يعود إلى عائلته بعد ذلك.

Sie suchen bereits nach dir. Es bleibt keine Zeit zum Packen. Es bleibt keine Zeit, Dich von Deinen Eltern zu verabschieden. Hör auf Deinen Onkel, steig sofort in seinen Wagen und fahrt unverzüglich los.

Sie haben alles herausgefunden. Sie ist in Sicherheit, aber Du sollst den Preis ihrer Jungfräulichkeit bezahlen. Du sollst sterben.

Sie dürfen Dich nicht sehen.
Leg Dich flach auf die Rückbank des Wagens.
Verlass die Stadt.

Bis zum Wochenendhaus deines Onkels dauert es nur 30 Minuten.

home. You can risk staying there for two or three days to plan.

Continuing the trip in your uncle's car is unsafe. Sell it and use the proceeds to pay a driver for the trip to Iran.

There you can live with friends.
Use the opportunity to call your parents.
They are worried about you.

Your parents will already know.
Four of them have already been to your father's store and destroyed everything.

عندما يصل قاربك إلى اليونان فاستحصلا وثائق. تحصلان على وثائق عائلة أفغانية مقابل خمسين يورو.

على عمك أن يستتر في مرافقتك. هناك الكثير من الأشياء غير المترقبة قد تحدث لشخص صغير مسافر لوحده.

سافرا بالحافلة والقطار.
مقدونيا، صربيا، سلوفينيا، كرواتيا.
لا تبقيا طويلا في أي مكان.

Dort könnt Ihr es riskieren zwei, drei Tage zu bleiben und zu planen.

Die Weiterreise im Wagen deines Onkels ist zu unsicher. Verkauft ihn und benutzt den Erlös, um einen Fahrer für die Reise in den Iran zu bezahlen. Dort könnt Ihr bei Bekannten wohnen.

Nutze die Gelegenheit und ruf Deine Eltern an.
Sie werden sich um Dich sorgen.

Sie werden bereits Bescheid wissen.
Sie werden zu viert im Laden Deines Vaters gewesen sein und alles zerstört haben.

Dein Vater wird Dich anflehen, weiterzureisen.

Your father will implore you to travel onward.
Now they know where you are.
They are after you.

Leave Iran. You are in the country illegally, and if they happen to stop you, they will put you in prison. Then they would bring you back. And you know what would happen next.

Borrow money for the trip from your friends. Your uncle knows where to find people that can help you.

A car will bring you close to the border.
From there you have to continue by foot.

اذهبا بالحافلة السياحية إلى إزمير. هناك سوف تلتقيان مع شخص مسؤول عن إقامة الاتصال. من المحتمل أن يكون قد أعد العبور.

ستكون ثلاثة من القوارب. اسمحا للآخرين بركوبها قبلكما واركبا القارب الثالث. أنتما آخرا من ينطلق. لن يصل إلى اليونان إلا قاربكما.

لا تنظر إلى جثث الأطفال الذين ركبوا القاربين الغارقين تمر بجانبكما طافية على الماء. لا تسمع الأحياء يصيحون في الماء.
لا تقدر على فعل شيء.

من المحتمل أن يكون قائد قاربكما مسلحاً فلا يسمح بأن تعرض قاربكما للخطر.

Sie wissen jetzt, wo Du bist.
Sie verfolgen Dich.

Verlasst den Iran. Ihr seid illegal im Land und wenn Du angehalten wirst, stecken sie Dich ins Gefängnis. Danach würden sie Dich zurückbringen. Und Du weisst, was dann passieren würde.

Leiht euch das Geld für die Reise von den Bekannten. Dein Onkel weiss, wo Leute zu finden sind, die Euch helfen können.

Ein Wagen wird Euch bis kurz vor die Grenze bringen.
Von dort müsst ihr zu Fuss weiter.

Ihr werdet nicht alleine gehen, bis zu 50 Menschen werden in Eurer Gruppe sein.

You won't go alone. There will be up to fifty people in your group.

If you manage to make it over the Iranian border unseen, you'll be safe for a while. In Turkey, you can move around freely as a tourist.

Travel by bus to Izmir. There you will meet a contact. He will already have planned the passage.

There will be three boats. Let the other people go ahead of you and board the third boat. You depart last. Only your boat will make it Greece.

Do not look as the lifeless bodies of children from both sunken

غادرا إيران. إقامتكما في البلد غير قانونية وإذا تعرضت للتوقيف سوف يسجنونك. قد يعيدونك بعد ذلك. وأنت تعرف ما قد يحدث نتيجة لذلك.

استلفا من المعارف ما تحتاجان إليه من النقود للسفر. عمك يعرف أين يوجد من يستطيع مساعدتكما.

ستأخذكما سيارة إلى المنطقة القريبة من الحدود.
من هناك يجب أن تواصلا الطريق مشياً.
لن تمشيا وحدكما، بل ستضم مجموعتكما عدداً يقارب خمسين شخصاً.
إن نجحتما في مجاوزة الحدود الإيرانية فأنتما بأمان في أول الأمر. في
تركيا تستطيعان التجوال بحرية وكأنكما سائحان.

Schafft ihr es, ungesehen die iranische Grenze zu passieren, seid Ihr fürs Erste sicher. In der Türkei könnt ihr Euch als Touristen frei bewegen.

Fahrt mit einem Reisebus bis Izmir. Dort werdet Ihr einen Kontaktmann treffen. Die Überfahrt wird er bereits organisiert haben.

Drei Boote werden es sein. Lasst die anderen Leute vor und besteigt das dritte Boot. Ihr fahrt als letzte los. Nur Euer Boot wird Griechenland erreichen.

Schau nicht hin, wenn die leblosen Körper der Kinder der beiden gesunkenen Boote an euch vorbei treiben. Hör nicht hin, wenn

boats float past you in the water. Do not listen to the screams of those that are still alive in the water.

There is nothing you can do. Your helmsman will be armed and won't allow you to put your boat in danger.

When your boat reaches Greece, procure papers.
For fifty Euros you can get the papers of an Afghan family.

Your uncle should accompany you. Too many unforeseeable things can happen to a minor traveling alone.

Travel by bus and train.
Macedonia, Serbia, Slovenia, Croatia.

مواصلة السفر بسيارة عمك ليست بآمنة لدرجة كافية. بيعاها فاستعملا النقود الحاصلة من البيع لاستخدام سائق يأخذكما إلى إيران.

هناك يمكن أن تسكنا عند بعض المعارف.
انتهز الفرصة للاتصال بوالديك.
سيقلقان عليك.

أما والداك فسوف يعلمان ما حدث. من المحتمل أن يكونوا قد دخلوا محل والدك وهم أربعة ودمروا كل شيء.

سوف يرجوك والدك بإلحاح أن تواصل السفر. يعرفون الآن أين أنت. يضطهدونك.

die noch Lebenden im Wasser schreien.

Du kannst nichts tun. Euer Bootsführer wird bewaffnet sein und nicht zulassen, dass Du Euer Boot in Gefahr bringst.

Wenn Euer Boot Griechenland erreicht, besorgt euch Papiere.
Für 50 Euro bekommt Ihr die Papiere einer afghanischen Familie.
Dein Onkel soll Dich weiter begleiten. Zu viel Unvorhersehbares kann einem allein reisenden Minderjährigen geschehen.

Reist mit Bus und Zug.
Mazedonien, Serbien, Slowenien, Kroatien.
Bleibt nirgends lange.
Ihr seid nicht willkommen.

Don't stay anywhere for long.
You are not welcome.
Try to reach Switzerland. You have family there. If you manage to get there, you will be safe.

Then your uncle can travel back to your family.

قد بدأوا يبحثون عنك. لا يبقى وقت لحزم الحقائب. لا يبقى لك وقت لتوديع والديك. اسمع كلام عمك فاركب سيارته فوراً وانطلقا دون تأخير.

لقد اكتشفوا كل شيء. إنها بأمان، ولكنك من المفترض أن تدفع ثمن بكارتها. عليك أن تموت.

يجب ألا يروك.
استلق على المقعد الخلفي للسيارة.
غادر المدينة.

لا يستغرق الطريق إلى البيت الريفي التابع لعمك إلا نصف ساعة. هناك يمكنكما أن تجرؤا على البقاء لمدة بضعة أيام لأجل التخطيط.

Versucht, die Schweiz zu erreichen. Dort hast Du Verwandte
Wenn Ihr es bis dorthin geschafft habt, wirst Du in Sicherheit sein.

Dein Onkel kann dann zurück zu seiner Familie reisen.

طريقة واحدة من

أفغانستان

إلى أوروبا

one way from

Afghanistan

to Europe

Don't make the mistake of being born the son of a Taliban. If it does happen to you, don't make the same mistake as your father. Listen to your uncle and your mother when they say you have to leave the country. Listen to them when they say that it would be better for you in any country other than this one. Don't get shot in the head!

Your family has decided. You've got 20 days left.
Leave everything behind. Don't say goodbye.
Go with your uncle to the next city. It's only 2 hours by foot.
Wait there the next 72 hours.

You won't be traveling alone in the bus. In the beginning,

Begehe nicht den Fehler, als Sohn eines Taliban geboren zu sein. Wenn es Dir dennoch passiert, begehe nicht den gleichen Fehler wie Dein Vater. Hör auf deinen Onkel und Deine Mutter, wenn sie sagen, dass Du das Land verlassen musst. Hör auf sie, wenn sie sagen, dass es für Dich in jedem anderen Land besser sein wird als hier. Lass Dir nicht in den Kopf schiessen!

Deine Familie hat entschieden. Du hast noch 20 Tage.
Lass alles zurück. Verabschiede Dich nicht.
Geh mit Deinem Onkel in die nahe Stadt.
Es sind nur 2 Stunden zu Fuss.
Warte dort die nächsten 72 Stunden ab.

In dem Bus wirst Du nicht alleine reisen. Am Anfang seid ihr zu

there will be five of you. Don't ask anyone where they are going or why. It isn't any of your business.

About 60 others, who you don't know, will arrive at the Iranian border at the same time as you. There's a wall there. You won't get past it just like that. Walk along the wall to the right for 3 hours until you find a hole dug into the ground.

This is the entrance to a secret tunnel. Go down the hole and try to crawl through the narrow tunnel. It's only 30 meters until the other end. Be glad that you're lean. You'll fit through the tunnel.

On the other side, walk to the next meeting point.

حاول مواصلة السفر نحو الشمال. واصل السفر حتى ميلانو.

إذا بدأ الشتاء أصبح الجوّ بارداً. لم تعد تستطيع النوم في محطة القطار. اسمع كلام رب الأسرة الذي وفد لاجئاً مثلك في زمن مضى وواصل سفرك. اقبل التذكرة التي يقطعها لك واركب القطار الذي يدلك عليه.

لا تنم في القطار. يجب أن تظل يقظاً وتختبئ من مراقبة الحدود.

لا تهوِّن من المسافة، لا تستسلم للنوم. إذا نمت فسوف يجدك موظفو الجمرك ويأخذونك إلى أقرب نقطة تجميع.

لن تعرف أين أنت لا أحد يتكلم لغتك.

fünft. Frag niemanden, wohin er oder sie geht oder weshalb. Es ist nicht Deine Angelegenheit.

Rund 60 andere, Dir nicht bekannte Menschen, werden zur gleichen Zeit wie Du die iranische Grenze erreichen. Dort ist eine Mauer. Da kommst Du nicht einfach durch. Lauf 3 Stunden rechts entlang der Mauer bis zu einem aufgehobenen Loch. Dies ist der Eingang zu einem geheimen Tunnel.

Steig in das Loch und versuche, durch den engen Tunnel zu kriechen. Es sind nur 30 Meter bis zum anderen Ende. Sei froh, dass Du hager bist. Du wirst durch den Tunnel passen.

Auf der anderen Seite gehst Du zu Fuss zum nächsten Treff-

Don’t complain if your legs hurt.
You’ll get there in 4 to 6 hours.

A black BMW will be waiting for you at the meeting point.
Get into the car with 11 others. You’ll go in the trunk.

The passengers will switch places at every stop, so you’ll get to sit up front at some point.

Don’t betray your fear. The driver is fast. Pray that nothing happens! Pray that no one tries to stop you in the next 72 hours on the way to Tehran.

From Tehran, you have to head towards Turkey.

إن كنت محظوظاً فسوف تجد سيارة تابعة للهيئة الديبلوماسية تعبر إلى إيطاليا على متن إحدى العبارات. تخبأ في صندوق السيارة. السيارة الديبلوماسية لا تخضع للتفتيش. تصرف بهدوء خلال الـ ١٢ ساعة التي يستغرقها العبور.

بعد انطلاق السيارة من جديد وسيرها لمدة ساعة، دقّ باب الصندوق بأقوى ما تستطيع.

إن كنت محظوظاً فتقف السيارة ويسمح لك السائق بالنزول في مكان ما وربما في منتصف الليل.

أشبع جوعك بما تجده في الحقول.

punkt.

Beschwere Dich nicht, wenn Deine Beine schmerzen.
In 4 bis 6 Stunden ist er erreicht.

Am Treffpunkt wird ein schwarzer BMW auf Dich warten.
Steige mit weiteren 11 Personen in den Wagen.
Du steigst in den Kofferraum. Bei jedem Stop wird gewechselt.
Auch Du wirst einmal vorne sitzen.

Lass Dir nicht anmerken, dass Du Angst hast. Der Fahrer fährt schnell. Bete, dass nichts passiert! Bete, dass Ihr in den 72 Stunden bis Teheran nicht angehalten werdet.

Von Teheran aus musst Du Richtung Türkei.

Cross the border on foot.

Head out in the evening and walk the whole night. Take good care of your backpack, along with your jacket and ID. Don't eat the fruit you brought all at once. Make sure to hide the 20 USD your mother gave you well. It was all of her savings.

Take the clothes your travel guides give you.
Don't shine a single light.
Even lighting a cigarette could mean the end of your journey.

The cars are ready and waiting at the meeting point in Turkey. They'll bring you to a city. Let them take a photo of you and

لمدة ست أو أربع ساعات إلى أن تصل إلى مركز اللاجئين.

في مركز اللاجئين التحق بعائلة يبدو كأنك ابنها.

اتصل بعمك قائلاً أن يرسل لك نقوداً. لا يخِب أملك إذا لم يعُد له نقود.

أطلب من العائلة أن تدفع تذكرتك. اذهب معها إلى أثينا. ابحث عن عمل في مزرعة برتقال. لأجل ذلك يجب أن تبحث عن رجل يوناني يتنازل لك عن عمله. أنت تعمل بمكانه وهو يتنازل لك عن ١٠ في المئة من راتبه، مما يبلغ ١٠ يورو يومياً. أما الطعام والسكن فيتوفران لك مجاناً.

فور أن تكون قد قبضت شيئاً من النقود فواصل السفر إلى باتراس. من هناك اذهب إلى إيطاليا. من الصعب أن ينجح المرء في ركوب سفينة ما.

Überquere die Grenze zu Fuss

Mach Dich am Abend auf den Weg und lauf die ganze Nacht. Pass auf deinen Rucksack mit der Jacke und dem Ausweis auf. Iss nicht alle Früchte, die Du mitgenommen hast, auf einmal. Verstecke die 20 USD gut, die Dir Deine Mutter mitgegeben hat. Es sind alle ihre Ersparnisse.

Nimm die Kleider an, die Dir Deine Reiseleiter geben.
Mach auf keinen Fall Licht.
Schon das Anzünden einer Zigarette kann das Ende Deiner Reise bedeuten.

In der Türkei stehen am Treffpunkt die Autos bereit. Sie bringen

stick it in the fake ID they give you. Take the bus onwards to Ankara.

If your uncle couldn't pay for the whole journey upfront, they'll lock you up in a basement in Ankara at the latest. He'll have to finish paying them off. It'll be more than if he'd paid the whole amount upfront. Maybe they'll lock you up anyway. Most people have to pay again.

You'll have to wait until he gets the money together, even if it takes 20 days.

Eat the eggs they give you, there isn't anything else. If your

السباحة. كن هادئاً وأنت في القارب. رجال شرطة الحدود يطلقون الرصاص على كل ما يرونه. إن لاحظوك رغم ذلك واختفى مرشدوك فجأة فيجب أن تضع خطة جديدة. ليس بإمكانك أن تعبر النهر سباحةً.

انتبه إلى مجمِّع هاتفك الخليوي، يجب أن تستطيع الاتصال.

لا تخاطر بأن يتعطل المجمع فلا تستطيع أن تتفق على ملتقى جديد.

عُد إلى الشارع الرئيسي ركضاً. اجمعوا نقودكم أنت وغيرك من المسافرين. استأجروا سيارة مع سائق. عودوا إلى المدينة وابحثوا عن مساعديكم. سيوصلونكم إلى مكان آخر واقع على النهر مساءً.

كن هادئاً وأنت في القارب. أعبر النهر. سر في الجانب الآخر من النهر

Euch in eine Stadt. Lass ein Foto von Dir machen und klebe es in den gefälschten Ausweis, den sie Dir geben. Reise dann mit dem Bus weiter bis Ankara.

Wenn Dein Onkel nicht die ganze Reise im Voraus bezahlen kann, werden sie Dich spätestens in Ankara in einen Keller sperren. Er wird nachzahlen müssen. Es wird mehr sein, als wenn er den gesamten Betrag am Anfang bezahlt hätte. Vielleicht würdest Du aber auch sonst eingesperrt. Die meisten müssen nachzahlen.

Du musst warten, bis er das Geld zusammenbekommt. Auch wenn es 20 Tage dauert.

Iss die Eier, die Dir gegeben werden, es gibt nichts anderes. Falls

uncle pays up and they let you go free, continue to the Greek border. Go to the agreed upon meeting point. They'll already be waiting for you there.

Walk along the river with the others. Don't fall in. The current is strong and you can't swim. Be still on the boat. The border police shoot at anything they see. If they still notice you and your travel guides suddenly disappear, you'll have to think up a new plan. You can't swim across the river.

Pay attention to your cellphone battery, you have to be able to communicate. Don't risk the battery dying, then you won't be

إن لم يستطع عمك أن يدفع كل السفر سلفاً فسوف يحبسونك في سرداب في أنقرة على أبعد تقدير. سيجب أن يدفع مبلغاً إضافياً. إنه سيكون أعلى منه لو كان قد دفع المبلغ الكامل في البداية. ولكن ربما تُحبس على أي حال. أكثر الناس عليهم أن يدفعوا مبلغاً إضافياً.

يجب أن تنتظر أن يحصل على النقود وإن استغرق ذلك ٢٠ يوماً.

كل البيض الذي يقدمونه لك، لا يوجد غيره من الطعام.

إن قدر عمك على الدفع وأطلق سراحك فواصل سيرك إلى الحدود اليونانية. اذهب إلى الملتقى المتفق عليه، سيكونون في انتظارك هناك.

أركض على طول النهر مع الآخرين. لا تقع فيه، إنّ التيار قوي ولا تعرف

Dein Onkel bezahlen kann und Du frei gelassen wirst, gehe weiter zur griechischen Grenze. Gehe zum vereinbarten Treffpunkt, sie werden dort bereits auf Dich warten.

Laufe mit den anderen dem Fluss entlang. Fall nicht hinein, die Strömung ist stark und Du kannst nicht schwimmen. Sei still auf dem Boot. Die Grenzpolizisten schiessen auf alles, was sie sehen. Wenn sie Euch dennoch bemerken und Deine Reiseleiter plötzlich verschwinden, musst Du einen neuen Plan machen. Du kannst nicht über den Fluss schwimmen.

Du musst kommunizieren können, achte auf den Akku Deines Mobiltelefons. Riskiere nicht, dass der Akku versagt und Du keinen neuen Treffpunkt ausmachen kannst.

able to organize a new meeting point.

Walk back to the main street. Pool your money with the other travellers. Rent a car with a driver. Drive back to the city and find your helpers. They'll bring you to a different point by the river in the evening.

Be still on the boat.
Cross the river.
On the other side, walk 6 to 7 hours to the migration centre.

At the migration centre, befriend a family whose son you could be.

انطلق في المساء وسر طول الليل.
انتبه إلى حقيبة ظهرك التي فيها السترة والهوية.
لا تأكل كل الفواكه التي أخذتها معك في وقت واحد.
خبئ الـ ٢٠ دولاراً الأمريكي التي أعطتها لك أمك جيداً. هي كل مدخراتها.
اقبل الملابس التي يعطيها لك مرشدوك.
لا تشعل الضوء نهائياً.

حتى إشعال سيجارة واحدة يمكن أن يعني نهاية رحلتك.

في تركيا تجد السيارات جاهزة في الملتقى. توصلكم إلى المدينة.
خذ صورة منك و ألصقها في الهوية المزورة التي يعطونها لك.
ثم واصل سفرك إلى أنقرة بالحافلة.

Lauf zurück zur Hauptstrasse. Leg mit anderen Reisenden Euer Geld zusammen. Mietet Euch ein Auto mit Fahrer. Fahrt in die Stadt zurück und findet Eure Helfer. Sie werden Euch am Abend zu einem anderen Ort am Fluss bringen.

Sei still auf dem Boot.
Überquere den Fluss.
Lauf auf der anderen Seite des Flusses 6 bis 7 Stunden bis zum Migration Center.

Schliess Dich im Migration Center einer Familie an, deren Sohn Du sein könntest.

Ruf Deinen Onkel an, er soll Dir Geld schicken.

Call your uncle and ask him to send money.
Don't be disappointed if he doesn't have any more.
Ask the family to pay for your ticket.
Travel with them to Athens.

Find yourself a job at an orange plantation. You'll have to find a Greek man or woman willing to let you do their job. You'll work in their place, and they'll let you keep 10% of their earnings. That's 10 EUR a day. Food and accommodation will be provided.

As soon as you've gotten some money together, travel onwards to Patras. From there, head over to Italy.

في الملتقى ستجد سيارة BMW سوداء تنتظرك. اركب السيارة مع ١١ شخصاً آخر. أما أنت فتركب الصندوق.

في كل وقفة تتبادلون الأدوار. سوف يأتي دورك أنت الآخر في الجلوس على المقعد الأمامي.

لا تدع الخوف يظهر عليك.

السائق يقود السيارة بسرعة. أدعُ بألا يحدث حادث!
أدعُ بألا توقفوا خلال الـ٧٢ ساعة التي يستغرقها الطريق إلى طهران.
من طهران يجب أن تواصل الطريق نحو تركيا.

أعبر الحدود مشياً.

Sei nicht enttäuscht, wenn er keins mehr hat.
Bitte die Familie darum Dein Ticket zu bezahlen.
Reise mit ihnen bis Athen.

Such Dir einen Job auf einer Orangenplantage. Du musst dazu einen Griechen suchen, der Dir seine Arbeit überlässt. Du arbeitest an seiner Stelle und er lässt Dich 10% des Lohnes behalten, das macht 10 Euro am Tag. Essen und Unterkunft wird Dir gestellt.

Sobald Du etwas Geld zusammen hast, reise weiter bis Patras. Von dort aus gehe nach Italien.

Es ist schwierig, an Bord einen Schiffes zu kommen. Wenn Du

It's difficult to get aboard a ship. If you're lucky, you'll find a diplomat's car headed to Italy on a ferry. Hide yourself in the trunk. Diplomat's cars never get checked.

Stay calm during the 12 hour voyage across.

After the car has started driving again, wait for at least an hour then start knocking as loud as you can on the lid of the trunk.

If you're lucky, the car will stop and the driver will let you out somewhere — maybe even in the middle of the night.

Sate your hunger with whatever you can find in the fields.
Try to travel onwards towards the north.
Travel until you reach Milan.

لن تسافر بالحافلة لوحدك. أنتم خمسة في البداية. لا تسأل أحداً إلى أين يذهب ولماذا. هذا ليس من شأنك. سيصل ما يناهز ٦٠ شخصاً آخر لا تعرفهم معك إلى الحدود.

هناك سور. لا يسهل لك تجاوزه. سر ثلاث ساعات على طول السور على اليمين إلى أن تصل إلى حفرة في الأرض. هذا مدخل نفق سري. أدخل الحفرة وحاول الزحف في النفق الضيق. تبعد نهايته بـ٣٠ متراً فقط.

من حسن حظك أنك نحيف النفق يتسع لك.
في الجانب الآخر تذهب إلى الملتقى التالي مشياً.

لا تشكُ من ألم رجليك.
تبلغه بعد ما بين أربع وست ساعات.

Glück hast, wirst Du ein Diplomatenauto finden, das mit einer Fähre nach Italien fährt. Versteck Dich im Kofferraum. Ein Diplomatenauto wird nicht kontrolliert.

Verhalte Dich während der 12 Stunden der Überfahrt ruhig.

Nachdem das Auto wieder losgefahren ist und eine Stunde lang unterwegs war, klopfe so laut Du kannst an den Kofferraumdeckel. Wenn Du Glück hast, hält das Auto und der Fahrer lässt Dich irgendwo - und vielleicht mitten in der Nacht - aussteigen.

Stille Deinen Hunger mit dem, was Du auf den Feldern findest.
Versuche weiter in Richtung Norden zu reisen.
Reise weiter bis nach Mailand.

It gets cold when winter comes. You won't be able to sleep at train stations anymore. Listen to the father, who also came as a refugee just like you, and travel onwards. Take the ticket that he buys you and board the train he shows you.

Don't fall asleep on the train. You have to stay awake and hide yourself from border control. Don't underestimate the distance and don't yield to fatigue. If you fall asleep, the customs officers will find you and bring you to the next collection point.

You won't know where you are.
No one will speak your language.

لا ترتكب الخطأ المتمثل في الولادة كابن أحد الطالبان. لو حدث لك ذلك رغم اتخاذ كل الاحتياطات فلا ترتكب نفس خطأ والدك. اسمع كلام عمك وأمك عندما يقولان إنه يجب أن تغادر البلد. اسمع كلامهما عندما يقولان إن وضعك في أي بلد آخر سيكون أفضل منه هنا. احذر ألا تصيب رصاصة رأسك!

قد اتخذت عائلتك قرارها. بقي لك ٢٠ يوماً.

أترك كل شيء خلفك. لا تودع أحداً. اذهب مع عمك إلى المدينة القريبة لا يستغرق الطريق إلا ساعتين.

انتظر هناك الـ٧٢ ساعة التالية.

Wenn der Winter kommt, wird es kalt. Nachts kannst Du nicht mehr am Bahnhof schlafen. Höre auf den Familienvater, der einst wie Du als Flüchtling kam und reise weiter. Nimm das Ticket an, das er Dir kauft und steig in den Zug, den er Dir zeigt.

Schlaf in dem Zug nicht ein. Du musst wach bleiben und Dich vor der Grenzkontrolle verstecken. Unterschätze nicht die Distanz, gib der Müdigkeit nicht nach. Wenn Du einschläfst, werden Dich die Zöllner finden und zur nächsten Sammelstelle bringen.

Du wirst nicht wissen, wo Du bist.
Niemand wird Deine Sprache sprechen.

طريقة واحدة من

أفغانستان

إلى أوروبا

one way from

Afghanistan

to Europc

You received the third letter. It was another threat. Your life is now in serious danger.

Choose between collaborating with the Taliban and becoming a spy against the Afghani secret service or leaving the country. You can live forsake your own ideals and survive or you can surrender yourself to the truth.

Your family is not wealthy. They cannot protect you. There is no easy way out of this situation.

As soon as you have made a decision, call your cousin. He has already been through all of this. He gives you information. Read about the trip and about the countries through which

والبطانيات والملابس. ثم ستستطيع النوم في مكان آمن. يحضرون القطارات والحافلات التي تسمح لك بمواصلة السفر. بإمكانهم أيضاً أن يستحصلوا وثيقة سفر لأجلك.

لا تزال في حاجة إلى ٣٠٠ يورو لمواصلة السفر. نم في الحافلات والقطارات. ستصل بعد ١٤ يوماً.

Du hast den dritten Brief erhalten. Es war eine weitere Drohung. Dein Leben ist jetzt ernsthaft in Gefahr.

Wähle zwischen der Zusammenarbeit mit den Taliban und werde ein Spion gegen den afghanischen Geheimdienst oder wähle die Flucht. Du kannst gegen Deine Ideen leben und überleben oder Dich der Wahrheit stellen.

Deine Familie ist nicht reich. Sie kann Dich nicht beschützen.
Es gibt keinen einfachen Weg aus Deiner Situation.

Sobald Du Dich entschieden hast, rufst Du Deinen Cousin an. Er hat alles bereits hinter sich. Er gibt Dir Informationen. Lies über das Reisen und über die Länder, die Du passieren musst. Face-

you must pass. Facebook and other websites are a help to you.

In a small backpack, pack clothes, dried fruit, nuts, cigarettes, two bottles of water, cans of tuna fish and money. When your food is depleted, you will buy more from your helpers.

You will need at least 3000 USD. Leave your passport with your parents. Do not risk losing it on the trip. You will need it after your arrival. Your parents will send it to you later.

Go to the city near the border. There, helpers have developed into a vital economy. You will find people who will help you.

إن صح هذا التعبير. لديك فرصة منصفة للوصول إلى اليونان.

اقطع تذكرة إلى مقدونيا. أعبر من الجزيرة اليونانية إلى أثينا على متن العبارة واركب الحافلة من هناك. اشتر لك بطاقة اتصال يونانية لهاتفك الخليوي. لا تظنّ أنها ستكون صالحةً في كل بلاد أوروبا. ابحث عن الوصول المجاني إلى شبكة الإنترنت في المجمعات التجارية وسمطات القطار في كل مرة. ابقَ على اتصال مع عائلتك.

في طريقك يوجد الكثير من المنظمات التي تؤوي ناساً يشتركون في وضعك وتطعمهم. إذا أخبرك الآخرون بأنه يوجد مركز من مراكز مفوضية الأمم المتحدة لشؤون اللاجئين في مكان قريب على سبيل المثال، فاذهب إليه وارتح فيه لمدة يوم. ستحصل على الأكل والشرب

book und andere Webseiten werden Dir helfen.

Pack in einen kleinen Rucksack Kleider, trockenes Obst, Nüsse, Zigaretten, 2 Flaschen Wasser, Thunfischdosen und Geld. Wenn das Essen aufgebraucht ist, wirst Du welches von Deinen Helfern kaufen.

Mindestens 3'000 USD wirst Du brauchen. Lass Deinen Pass bei Deinen Eltern. Riskiere nicht, ihn auf Deiner Reise zu verlieren. Du wirst ihn nach Deiner Ankunft brauchen. Deine Eltern werden ihn Dir später nachsenden.

Geh in die Stadt nahe der Grenze. Dort haben Helfer einen wichtigen Wirtschaftszweig entwickelt. Du wirst Leute finden, die Dir helfen.

Have no illusions. These people are not tour guides. To them you are goods to be transported. If you pay, you are one of many, whom they treat like merchandise. Sell yourself to them and they will resell you in Pakistan.

Your father and your brother must call the helpers again and again. They should ask how it is going for you. They should transfer the money only after they know you've made it to Iran. You have a 50/50 chance of making it there.

Hope that you must take the so-called 'simple' route over the mountains. Hope that the walk lasts only fifteen hours. Do not get exasperated in the twenty-fifth hour when the route becomes painstaking and dangerous. You can't turn back.

متابعة الرحلة. لا تثق بأول من تصادفه. سوف تلتقي مع كثيرين وتتخذ القرار بناءً على التوصيات. انتبه إلى حدسك أيضاً.

اعتمد على مساعديك الجدد اعتماداً تاماً. سوف يوصلونك إلى تركيا بسلامة. هناك يدلك معارفك على رجل جيد. التق معه. إذا أمكنك أن تدفع ١٠٠٠ دولار إليه فسوف يتعامل معك باحتَرام. إذا لم يعد لك نقود فاذهب إلى بقالة محددة. يمكن لوالديك أن يرسلا نقوداً إليها.

اقضِ بضع ليالٍ في شقة مساعدك الجديد على السفر. السكن والطعام والسَير إلى السّاحل تدخل في الثمن.

لن يركب أكثر من ٣٥ شخصاً القارب معك. تسافر في الدرجة الأولى،

Mach Dir keine Illusionen. Diese Leute sind keine Reiseführer. Du bist ihr Transportgut. Wenn Du zahlst, bist Du einer von vielen, die sie als Handelsware behandeln. Verkauf Dich ihnen und sie werden Dich in Pakistan dem nächsten weiterverkaufen.

Dein Vater und Dein Bruder müssen die Helfer immer wieder anrufen. Sie sollen fragen, wie es Dir geht. Lass sie das Geld erst überweisen, wenn sie Dich im Iran wissen. So hast Du eine 50:50 Chance, anzukommen.

Hoffe, dass Du den angeblich einfachen Weg über die Berge gehen musst. Hoffe, dass der Fussmarsch lediglich 15 Stunden dauert. Verzweifle nicht, wenn es 25 Stunden werden und der Weg gefährlich und mühsam sein wird. Du kannst nicht umkehren.

A passenger car will be waiting for you. You will be one of sixteen. Pay the extra fee for a better seat. Maybe you'll snag the front seat.

Always remain informed about your whereabouts throughout the trip. Listen carefully to what the others are saying. Ask for contacts. Ask where you can meet people that will help you. Do not let yourself get demoralized when you hear that many of you are sent back upon arrival.

Buy new clothes in Iran and search for people that will help you to continue your journey. Do not simply trust the first offer that comes along. You will meet many people offering this service but you should decide based on references. Follow your gut.

لا تستطيع العودة.

سوف تكون سيارة ركاب في انتظاركم. ستكون واحداً من ١٦ شخصاً. ادفع مبلغاً إضافياً لأجل الحصول على مقعد أفضل. ربما تحصل على المقعد بجانب السائق.

استعلم عن المكان الذي تتواجد فيه في كل مرة طوال الرحلة. استمع جيداً إلى كلام الآخرين. اسأل عن جهات الاتصال. اسأل أين يمكنك الالتقاء مع أشخاص يساعدونك على مواصلة السفر. لا تيأس إذا سمعت أن يعاد الكثير منكم بعد وصولهم.

اشترِ لك ملابس جديدة وأنت في إيران وابحث عن ناس يساعدونك على

Ein Personenwagen wird auf Euch warten. Du wirst einer von 16 sein. Zahle einen Aufpreis für einen eigenen Sitzplatz. Vielleicht ergatterst Du den Beifahrersitz.

Informier Dich während der gesamten Reise immer, wo Du gerade bist. Hör gut zu, was die Anderen erzählen. Frag nach Kontakten. Frag, wo Du Leute treffen kannst, die Dir weiterhelfen. Lass Dich nicht entmutigen, wenn Du hörst, dass viele von Euch nach ihrer Ankunft zurückgeschickt werden.

Kauf Dir im Iran neue Kleider und such Leute, die Dir helfen, weiter zu reisen. Vertraue Dich nicht den Erstbesten an. Du triffst viele und entscheidest aufgrund von Referenzen. Achte auch auf Dein Bauchgefühl.

Rely entirely on your new helpers. They will bring you to Turkey intact. There, your acquaintances will connect you with a good man. Meet with him. If you can pay him 1000 USD, he will handle you with respect. If you have no more money, go to a specific grocery store. Your parents can send money to you there.

Spend a few nights in the apartment of your new travel-helper. Accommodation, food and the trip to the coast are included in the price.

There will be only thirty-five people traveling with you in the boat. You are sort of travelling first class. Your chances of reaching Greece are good.

لا تكن تحت وهم بشيء. هؤلاء الأشخاص ليسوا بمرشدين سياحيين. إنما أنت قطعة من البضائع بالنسبة إليهم. إذا دفعت، فأنت أحد الكثيرين الذين يتعاملون معهم وكأنهم بضائع تجارية. بِع نفسك لهم فسوف يبيعونك للشخص التالي في باكستان.

على والدك وأخيك أن يتصلا بالمساعدين المرة تلو الأخرى. عليهما السؤال عن حالك. لا تطلب منهما تحويل النقود إلا وهما يعرفان أنك في إيران. بهذه الطريقة فلك احتمال ٥٠ في المئة بأن تصل إلى هناك.

أدعُ بأن يجب أن تسلك الطريق المؤدي عبر الجبال والذي يُزعم أنه أسهل. أدعُ بألا يستغرِق المشي أكثر من ١٥ ساعة. لا تيأس إذا استغرق ٢٥ ساعة بدلا عن ١٥ وكان الطريق خطيراً شاقاً.

Verlass Dich vollkommen auf Deine neuen Helfer. Sie werden Dich intakt in die Türkei bringen. Dort vermitteln Dir Deine Bekannten einen guten Mann. Triff Dich mit ihm. Wenn Du ihm 1'000 USD bezahlen kannst, wird er Dich respektvoll behandeln. Wenn Du kein Geld mehr hast, gehe zu einem bestimmten Lebensmittelladen. Dorthin können Deine Eltern Geld senden.

Verbring einige Nächte in der Wohnung Deines neuen Reisehelfers. Unterkunft, Verpflegung und die Fahrt an die Küste sind im Preis inbegriffen.

Es werden bloss 35 Personen mit Dir im Boot mit fahren. Du reist sozusagen 1. Klasse. Deine Chancen, Griechenland zu erreichen, stehen gut.

Buy a ticket to Macedonia. Travel with the ferry from the Greek island to Athens and from there use the bus. Buy a Greek SIM card for your mobile phone in Athens. Do not expect it to be valid throughout Europe. Search for free wifi every time you're in shopping centres and train stations. Stay in contact with your family.

There are many organizations on the way that cater to and take in people in your situation. If you find out from others that there is, for example, a UNHCR-site in the area, go there and rest for a full day. You will receive food, water, blankets and clothes. Then you can sleep in safety. They organize trains and busses for the continuation of the journey. They can also

سيساعدك الفيس بوك وغيره من المواقع الشبكية

ضع في حقيبة ظهرك الصغيرة الفواكه الجافة والبندق والسجائر وزجاجتين من الماء وبعض علب سمك التون والنقود. عندما ينفد الطعام سوف تشتري بعضه من مساعديك.

ستحتاج إلى ٣٠٠٠ دولار على الأقل. أترك جواز سفرك عند والديك. لا تخاطر بأن تفقده في سفرك. ستحتاج إليه بعد وصولك. سيرسله والداك إليك فيما بعد.

اذهب إلى المدينة القريبة من الحدود. قد أنشأ المساعدون قطاعاً اقتصادياً مهماً هناك. ستجد ناساً يساعدونك.

Kauf Dir ein Ticket nach Mazedonien. Fahre mit der Fähre von der griechischen Insel bis nach Athen und benutze von dort den Bus. Kauf Dir in Athen eine griechische SIM-Karte für Dein Mobiltelefon. Glaube nicht, dass sie in ganz Europa gültig sein wird. Such jeweils in Einkaufszentren und an Bahnhöfen nach einem freien Zugang ins Internet. Bleib mit Deiner Familie in Kontakt.

Auf Deinem Weg gibt es viele Organisationen, die Menschen in Deiner Situation aufnehmen und verpflegen.

Wenn Du von anderen erfährst, dass beispielsweise eine UNHCR-Stelle in der Nähe ist, geh hin und ruhe Dich dort einen Tag lang aus. Du wirst Essen, Trinken, Decken und Kleider erhalten. Dann wirst Du in Sicherheit schlafen können. Sie organisieren

procure travel documents for you.

You will need 300 Euros to continue the journey. Sleep on the busses and trains. You will arrive after fourteen days.

قد بلغتك الرسالة الثالثة. تتضمن تهديداً آخر. حياتك في خطر الآن بشكل جدي.

اختر بين التعاون مع الطالبان فتصبح جاسوساً على جهاز الأمن الأفغاني وبين الخروج من البلد. بإمكانك أن تعيش حياةً خلافاً لمبادئك فتنقذ حياتك أو تواجه الحقيقة.

عائلتك ليست بغنية. لا تقدر على حمايتك. لا توجد طريقة سهلة للخروج من هذا الوضع.

عندما تكون قد اتخذت القرار تتصل بابن عمك. قد اجتاز كل شيء. يعطيك معلومات. اقرأ عن السفر وعن البلاد التي يجب أن تمرّ منها.

Züge und Busse zur Weiterreise. Sie können Dir auch ein Reisedokument beschaffen.

300 Euro wirst Du für die Weiterreise noch brauchen. Schlaf in den Bussen und Zügen. Nach 14 Tagen wirst Du ankommen.

طريقة واحدة من

أفغانستان

إلى أوروبا

one way from

Afghanistan

to Europe

You have no ID or passport.

Go to Syria and fight. In return for the commitment of your life, your entire family receives passports. In the event that you survive, they give you a one year visa and entrance into university.

If that isn't an option for you, you must go. You have already informed yourself. You know who can help you.

Request that your brother get in touch with this person.
Ask him to phase out the business and to pay.

Pack a small bottle of water, nuts, twenty t-shirts and two new pairs of jeans. Don't forget shoes.

إن ساءت الأمور كلها فعليك أن تبقى هادئاً.
أنزلوا القارب إلى الماء. ترشد قائد القارب بنظامك العالمي لتحديد المواقع. إذا كانت الظروف الجوية جيدة فتصلون إلى الجزيرة بسلامة.

واصل السفر في اتجاه الشمال بالحافلة والقطار.
استعلم عن الوضع في بلد مقصدك باستمرار.
إن اقتضى الأمر ذلك فتغير مقصدك.

Du hast keine ID und auch keinen Pass.

Geh nach Syrien und kämpfe. Als Gegenleistung für den Einsatz Deines Lebens bekommst Du Pässe für Deine ganze Familie. Falls Du überlebst, geben sie Dir dazu noch ein Jahresvisum und den Zugang zur Universität.

Wenn das für Dich keine Option ist, dann musst Du fort. Du hast Dich bereits informiert. Du weisst, wer Dir helfen könnte.

Bitte Deinen Bruder, mit dieser Person in Kontakt zu treten. Bitte ihn, das Geschäft abzuwickeln und zu bezahlen.

Pack eine kleine Flasche Wasser, Nüsse, 20 T-Shirts und 2 neue Jeans ein. Vergiss die Schuhe nicht. Du musst einen 2-3 Stunden

You must walk a 2-3 hour route.

The meeting point is in a small village. Set off on the route at nightfall. Cross the mountains. You will walk for ten hours, not just 2-3. Try to quickly create a large distance between you and the family who forgot to give the sedatives to the small children.

Climb up the rocky path. Watch your step. Do not get injured. If your are tired, suck on snow and eat nuts. Go on quickly. The first leg of the trip is almost behind you.

Do not miss the call! Pick up and listen closely. Ensure that your name is on the list. Three men will be waiting. They will

في القائمة. سيكون ثلاثة رجال في الانتظار. سوف ينقلونكم في ثلاث شاحنات. ثلاثة أشخاص على المقعد الواحد.يستغرق السير نهاراً واحداً وليلة واحدة. سيكون صديقك في انتظارك. يتقن تدبير الأمور. إنه أحد المساعدين كذلك. تسكن عنده وهو يعدّ مواصلة سفرك. حاول أن تشغل نفسك. الإنتظار يطول خمسة أيام. اذهب إلى نادٍ ما على سبيل المثال. تواصل السفر عما قريب.

اركب الشاحنة الصغيرة. يأخذ السير ما بين أربع وخمس ساعات بعد وصولك تختبئ وتنتظر حلول الظلام مع الآخرين.

انتهزوا الوقت لنفخ القارب. بائع يقدم ستر نجاة. ادفع الـ ٥٠ ليرة التركية للسترة وتظاهر بالغفلة وأنت ترى أنها ليست بحقيقية. خذها على الرغم من ذلك. حتى الستر الوهمية لا تخلو من التأثير.

langen Weg gehen.

Der Treffpunkt ist in einem kleinen Dorf. Mach Dich erst auf den Weg, wenn die Dunkelheit einbricht. Lauf über die Berge. Du läufst 10 Stunden, nicht nur 2-3. Versuche, rasch eine grosse Distanz zwischen Dir und der Familie aufzubauen, die vergessen hat, ihren Kleinkindern die Beruhigungspillen zu geben.

Klettere den steinigen Weg hoch. Achte auf Deine Schritte. Verletze Dich nicht. Wenn Du müde wirst, trink Schnee und iss die Nüsse. Geh schnell weiter. Die erste Etappe liegt bald hinter Dir.

Verpass den Anruf nicht! Nimm ihn an und hör gut zu. Versichere Dich, dass Dein Name auf der Liste steht. 3 Männer werden warten.

transport everyone in three vans, three people to a seat.

The drive lasts one day and one night. Your friend will wait for you. He knows his way around. He is also a helper. He will house you as he organizes the next stage of your journey. Try to distract yourself. The wait lasts five days. Go to a club, for example. Soon you will travel on.

Board a mini-van. The drive lasts four to five hours.
Upon arrival, hide and wait for the darkness with the others.

Use the time to inflate the boat.

جديدين في الحقيبة. لا تنسَ الأحذية. يجب أن تسلك طريقاً يستغرق ما بين ساعتين وثلاث ساعات.

نقطة الالتقاء في قرية صغيرة. لا تنطلق إلا وقد حل الليل. امش عبر الجبال. مشيك يستغرق عشر ساعات، ليس ما بين ساعتين وثلاث فقط. حاول أن تطوي بسرعة مسافة طويلة تبعدك عن عائلتك التي نسيت أن تناول أطفالها الصغار الأقراص المهدئة.

تسلق الطريق الصخري إلى الأعلى. انبته إلى خطواتك. لا تنجرح. إذا ما تعبت، فاشرب الثلج وكل البندق. امضِ بسرعة. ستكون قد اجتزت المرحلة الأولى بعد قليل.

لا تفوت الاتصال! ردّ عليه واستمع جيداً. تأكد من أن يكون اسمك

In 3 Vans werden sie Euch transportieren. 3 Personen pro Sitzplatz.

Die Fahrt dauert 1 Tag und 1 Nacht. Dein Freund wird auf Dich warten. Er kennt sich aus. Er ist auch ein Helfer. Während er Deine Weiterreise organisiert, bist Du bei ihm untergebracht. Versuche, Dich abzulenken. Das Warten dauert 5 Tage. Geh zum Beispiel in einen Club. Bald reist Du weiter.

Steig in den Mini-Van. Die Fahrt dauert 4-5 Stunden. Nach der Ankunft versteckst Du Dich und wartest mit den Anderen auf die Dunkelheit.

Nutzt die Zeit, um das Boot aufzupumpen.

A vendor will offer life vests. Pay the 50 TRY for a vest and pay no attention if you see that it isn't real. Take it nevertheless. Even placebo vests have their effect.

If everything goes wrong, you must remain calm. Put the boat in the water. Guide the helmsman with GPS. With good weather conditions, you will reach the island unharmed.

Travel with the bus and train further north.
Make constant inquiries about the situation in your destination country.
If necessary, change your destination.

ليس لديك بطاقة هوية ولا جواز سفر.

اذهب إلى سوريا وقاتل. تحصل على جوازات سفر لك ولكل عائلتك مقابل تعريضك حياتك للخطر. إن بقيت حياً فيعطونك تأشيرة صالحة لسنة والحصول على التعليم الجامعي إضافة إلى ذلك.

إن لم يشكل ذلك خياراً مقبولاً بالنسبة إليك فيجب أن تذهب.
قد قمت بالاستخبار. تعرف من قد يمكن أن يساعدك.

أطلب من أخيك أن يقيم الاتصال بهذا الشخص. أطلب منه أن يكمل المعاملة فيدفع.

ضع زجاجة صغيرة من الماء والبندق و٢٠ قميصاً وسروالي جينز

Ein Verkäufer bietet Rettungswesten an. Bezahle die 50 TRY für eine Weste und lass Dir nichts anmerken, wenn Du siehst, dass sie nicht echt ist. Nimm sie trotzdem. Auch Placebo-Westen haben ihre Wirkung.

Wenn alles schief läuft, musst Du ruhig bleiben.

Setzt das Boot ins Wasser. Du leitest den Bootsführer mit Deinem GPS. Bei guten Wetterverhältnissen erreicht Ihr die Insel unversehrt.

Reise mit Bus und Zug nordwärts weiter.
Erkundige Dich stets über die Lage in Deinem Zielland.
Falls nötig, änderst Du Dein Ziel.

طريقة واحدة من

أفغانستان

إلى أوروبا

one way from

Eritrea

to Europe

You need to watch what you say. Everyone knows that students tend to rebel.

If you meet with your classmates to discuss issues at the university, you are already a potential threat. If you tell the head of the school that the students need better writing materials, you are an insurgent. You will be thrown in jail. In a basement cell.

If, after six months, you have not been observed on the obligatory walk in the yard, you could flee. Try, at the very least. If you do, then run for your life. Don't look back, climb over the fence and run! Your lead will be minimal but you have a chance to escape them.

سيجب أن تنتظروا آملين ألا يتغير الجو إلى الأسوأ. إن كنتم محظوظين فيجدكم خفر السواحل. ربما تموت من العطش. ستمضي ١٤ ساعة تقريباً حتى توجدون. سيكون الوقت قد تأخر لإنقاذ من هو تحت سطح القارب.

سيأخذكم خفر السواحل إلى مركز تجميع في صقلية. ستكون في أمان هناك.

Du musst aufpassen, was Du sagst. Jeder weiss, dass Studierende zum Aufstand tendieren.

Wenn Du Dich mit Deinen Kommilitonen triffst, um über Probleme an der Universität zu sprechen, bist Du bereits eine potentielle Gefahr. Wenn ihr dem Schulvorsteher sagt, dass die Studierenden besseres Schreibmaterial benötigen, bist Du ein Aufständischer. Man würde Dich ins Gefängnis werfen. In eine Kellerzelle.

Wenn Du nach sechs Monaten beim Rundgang durch den Hof nicht beobachtet würdest, könntest Du fliehen. Versuche es wenigstens. Dann lauf um Dein Leben. Schau nicht zurück, klettere über den Zaun und lauf! Dein Vorsprung wäre gering,

Your life as a student would be over. You would need to hide.

You could hide at a friend's place for one or two weeks. The police would search for you. Your parents house would be watched. You couldn't see them anymore.

You will need to leave the city. You cannot let your parents know. By foot it is only five days to the border of Sudan. Go at night and hide during the day.

If you manage to cross the border unseen, try to get to a city. Ask small shops if they need temporary help. You can earn two USD per day like that. That's enough to feed you.

ستذهب السيارات إلى الشاطئ مباشرةً. ستجد غيرك هناك. سيكون قارب صيد قديم جاهزاً. على عمك أن يدفع ٢٠٠٠ دولارأمريكي سلفاً. يوجد باعة يقدمون ستر نجاة على الشاطئ. الواحدة تكلف ١٠٠ دولار أمريكي. من البعيد أن يكون قد تبقى لك شيء من النقود.

يحملون القارب الواحد بما يبلغ عدده ٧٠٠ شخص. لا تتخطَ دورك. تُخصص أماكن تحت سطح القارب للأوائل في الصف. المكان ضيق. على سطح القارب كذلك. يستغرق العبور الى صقلية وقتاً طويلاً. لن يكفي الوقود إلا لـ٧ ساعات على الأكثر. بعد ذلك يطفو قارب مثل هذا في عرض البحر.

aber Du hättest eine Chance, ihnen zu entkommen.

Dein Leben als Student wäre vorbei. Du müsstest Dich verstecken.

Eine oder zwei Wochen konntest Du Dich bei Freunden verstecken. Die Polizei würde Dich suchen. Das Haus Deiner Eltern würde beobachtet. Du könntest sie nicht mehr sehen.

Du müsstest die Stadt verlassen. Deinen Eltern könntest Du nicht Bescheid sagen. Zu Fuss sind es nur 5 Tage bis zur Grenze zum Sudan. Geh in der Nacht und ruh Dich tagsüber in Verstecken aus.

Wenn es Dir gelingt, die Grenze ungesehen zu passieren, versuch, in eine Stadt zu gelangen. Frag in kleinen Geschäften, ob

But, you should go further. You are intelligent. You should find a place where you can finish your education.

At the corner restaurant on the street where you work, you will likely find people who will bring you further. But you need money for the rest of the journey. You could call your uncle. Ask him for money.

Bring juice, dry bread, water, a blanket, a pair of trousers and a clean t-shirt.

It's a dangerous route. You will travel by truck until the Egyptian border. Up to 100 people pack into one truck. After the

من مصلحتك أن تأخذ معك العصير والخبز الجاف والماء وبطانية وسروالاً وقميصاً نظيفاً.

إنّ الطريق خطير. ستنقلك شاحنة حتى الحدود المصرية. يحملون الشاحنة الواحدة بما يبلغ عدده ١٠٠ شخص. ستستمر الرحلة من الحدود بـ٤ سيارات جيب. ٢٥ شخصاً في السيارة الواحدة. السير في الصحراء يستغرق وقتاً طويلاً. يمكن أن يصبح الجو حاراً جداً. لن يقف السائق أكثر من ٤ مرات في كل الطريق. استراحات قصيرة. لن يقاسمك أحد ماءه الصالح للشرب. فلندعُ بأن يكون لديك ما يكفيك من الماء فلا تموت من العطش.

sie eine Aushilfe brauchen könnten. 2 USD kannst Du so pro Tag verdienen. Das reicht, um Dich zu ernähren. Aber Du solltest weiter. Du bist intelligent. Du solltest an einen Ort, wo Du Dein Studium beenden kannst.

Im Eck-Restaurant an der Strasse, in der Du arbeitest, wirst Du wahrscheinlich Leute finden, die Dich weiterbringen. Aber für die Weiterreise brauchst Du Geld.

Du könntest Deinen Onkel anrufen. Bitte ihn um Geld.

Mitnehmen solltest Du Saft, trockenes Brot, Wasser, eine Decke, eine Hose und ein frisches T-Shirt.

Der Weg ist gefährlich. Bis zur Grenze von Ägypten würdest Du

border, the trip continues with four jeeps. Twenty-five people to a jeep. The drive through the desert takes time. It can get very hot. Over the course of the entire trip the driver will not stop more than four times. Short breaks. No one will share their water with you. You will hopefully have enough water with you and not die of thirst.

In Tripoli the four jeeps will drive directly to the beach. There will already be others there. An old fishing boat is waiting. Your uncle has paid 2,000 USD in advance. At the beach, vendors sell life vests. One costs 100 USD. You will likely not have enough money.

إن نجحت في عبور الحدود دون أن يراك أحد فحاول الوصول إلى المدينة. اسأل أصحاب المحلات الصغيرة هل هم في حاجة إلى من يساعدهم. يسمح ذلك لك بقبض دولارين يومياً. يكفي هذا المبلغ لإطعامك.

ولكنه ينبغي أن ترحل. إنك ذكي. من المفضل أن تذهب إلى مكان تستطيع إكمال دراساتك فيه.

من المحتمل أن تجد في المطعم على ناصية الشارع من يساعدك على مواصلة الرحلة. ولكنك في حاجة الى النقود لأجل الاستمرار في الرحلة. سيمكنك الاتصال بعمك. طالبه بالنقود.

in einem LKW gefahren. Bis zu 100 Personen packen sie in den Laderaum. Ab der Grenze würde die Fahrt mit 4 Jeep weitergehen. 25 Personen pro Jeep. Die Fahrt durch die Wüste dauert. Es kann sehr heiss werden. Auf der gesamten Fahrt würde der Fahrer nicht mehr als 4 Male anhalten. Kurze Pausen. Niemand wird sein Wasser mit Dir teilen. Du würdest hoffentlich genügend Wasser bei Dir haben und nicht verdursten.

In Tripolis würden die 4 Jeep direkt an den Strand fahren. Es werden schon andere dort sein. Ein altes Fischerboot würde bereits warten. 2'000 USD müsste Dein Onkel im Voraus bezahlen.

Am Strand gibt es Verkäufer, die Schwimmwesten anbieten. Eine kostet 100 USD. Du hättest wahrscheinlich kein Geld mehr.

As many as 700 people pack onto one boat. Do not push to the front of the line. The first ones are directed to spots below the deck. It is narrow. Above deck is also cramped. It is a long way to Sicily. The fuel will only last for seven hours. After that a boat like this will drift into the open sea.

You wait and hope that the weather doesn't suddenly change. If you're lucky, the coastguard finds you. You might die of thirst. Fourteen hours can easily pass before you are found. For the people below deck, that is too long.

The coast guard brings you to a reception camp in Sicily. There you will be safe.

ولكن ستكون لديك فرصة للهروب منهم.
ستكون حياتك كطالب قد انتهت. سيجب أن تختبئ.

سيمكن أن تختبئ عند أصدقاء لمدة أسبوع أو أسبوعين. ستبحث الشرطة عنك. سيتعرض بيت والديك للمراقبة. لن تستطيع رؤيتهما مرة أخرى.

ستكون مضطراً لمغادرة المدينة. لن يكمن أن تخبر والديك. لا تبعد الحدود السودانية بأكثر من ٥ أيام من المشي. إمشِ بالليل وارتح في مخابئ بالنهار.

Bis zu 700 Personen packen sie auf ein Boot. Dränge Dich nicht vor. Den ersten wird ein Platz unter Deck zugewiesen. Es ist eng. Auch oben.

Bis nach Sizilien ist es weit. Der Treibstoff würde lediglich für 7 Stunden reichen. Dann treibt solch ein Boot auf offener See. Ihr müsstet warten und hoffen, dass das Wetter nicht umschlägt. Wenn Ihr Glück habt, dann findet Euch die Küstenwache. Vielleicht verdurstest Du. Bis Ihr gefunden werdet, würden gut 14 Stunden vergehen. Für die Personen unter Deck ist es dann zu spät.

Die Küstenwache würde Euch nach Sizilien in ein Auffanglager bringen. Dort wärst Du in Sicherheit.

عليك الانتباه إلى ما تقوله. يعرف الجميع أن الطلاب يميلون إلى الثورة.

إذا التقيت مع زملائك من الطلاب لتناقشوا بعض المشاكل الموجودة في الجامعة فقد تحولت إلى خطر محتمل. إذا قلتم لرئيس المدرسة إن المدرسه في حاجة إلى أدوات كتابة ذات نوعية أفضل فتُعتبر ثائراً. قد تُرمى في السجن. في خلية في السرداب.

لو لم تخضع للمراقبة حين الجولة الإلزامية في الفناء بعد ستة أشهر لاستطعت الهروب. حاوله على الأقل. ثم اركض لإنقاذ حياتك. لا تنظر إلى الوراء، تسلق السياج واركض! قد لا يكون لك الكثير من التبكير،

طريقة واحدة من

إريتريا

إلى أوروبا

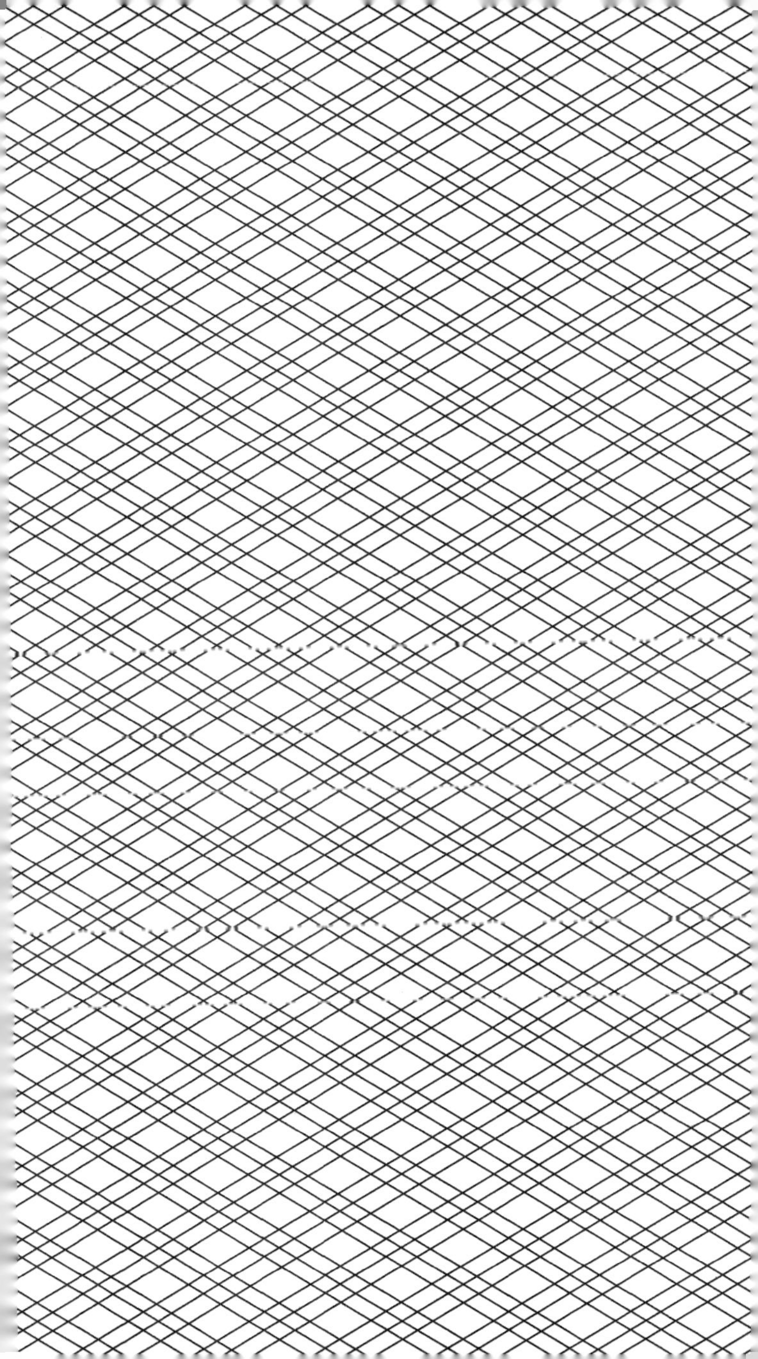

one way from

Eritrea

to Europe

Do you want to go back to jail?
You have nothing more to lose.

Set off in the direction of Sudan. Go even if you don't yet know where you'll go from there. Go even if you have no money on you.

You travel alone.
You are a woman.
You will be raped.
This cannot be avoided.

You will encounter many on the way, who, like you, do not want to go back to jail.

سيكون المكان ضيقاً. اشربي قبل الإقلاع. من الأفضل ألا تأكلي شيئاً. ارمي الفضلات في الماء.

سيكون القارب مكتظاً. سيدخل الماء شيئاً فشيئاً. سيغرق القارب. سيطفو الجميع على البحر. سيموت الكثيرون. عليك أن تحاولي أن تبقي واعية. إذا نجحت في الصمود إلى أن يجدكم خفر السواحل الإيطالي فسوف يأخذك قارب نجاة إلى القارة. ستحصلين على الأكل والملابس الجافة.

ارتاحي لبضعة أيام حتى يبدأ السفر من جديد.

Willst Du zurück ins Gefängnis?
Du hast nichts mehr zu verlieren.

Geh los, Richtung Sudan. Geh, auch wenn Du noch nicht weisst, wie Du von dort weiterkommst. Geh, auch wenn Du kein Geld bei Dir hast.

Du reist allein.
Du bist eine Frau.
Du wirst vergewaltigt werden.
Das wird sich nicht vermeiden lassen.

Auf dem Weg wirst Du viele antreffen, die wie Du nicht wieder ins Gefängnis wollen.

At the border, the right people are easy to find. The business is done before you reach customs. They want 1,400 USD.

Call your sister. She is the only one of your family that is not in jail. Her husband can lend you money.

The people accompanying the groups to Libya are irritable, aggressive and brutal. Avoid speaking with them. Should you speak with them, you will be beaten. The belt will leave scars on your body.

If you are lucky with the choice of these people, they will take you directly to the coast. You most probably will not be lucky. You will be locked up in a cellar.
You will have to pay 14,000 USD.

ما. سوف يتوجب عليك دفع ١٤٠٠٠ دولار.

اتصلي بأختك مرة أخرى. ستساعدك. ستدفع المبلغ. على الرغم من ذلك فإنك ستتعرضين للاغتصاب.

إن كنت محظوظة فتجدين ناساً يعطونك الخبز والماء. يجب أن تصلي إلى الساحل. سوف تجدين ناساً يقولون إنهم يملكون قوارب. سوف تطلعين على المكان السري والوقت قبيل الإقلاع.

سيكون القارب صغيراً. سيشترك ما يناهز ١٠٠ شخص في المكان المتوفر على متنه. النساء والرجال والأطفال.

An der Grenze sind die richtigen Leute einfach zu finden. Das Geschäft wird vor dem Zoll gemacht. 1400 USD wollen sie.

Ruf Deine Schwester an. Sie ist die einzige Deiner Familie, die nicht im Gefängnis ist. Ihr Mann kann Dir das Geld ausleihen.

Die Leute, die die Gruppen nach Libyen begleiten, sind gereizt, aggressiv, brutal. Vermeide es, mit ihnen zu sprechen. Solltest Du es doch tun, wirst Du geschlagen. Der Gürtel wird Narben auf Deinem Körper hinterlassen.

Wenn Du bei der Wahl dieser Leute Glück hattest, bringen sie Dich direkt zur Küste. Wahrscheinlich wirst Du kein Glück haben. Du wirst in einen Keller eingesperrt. 14'000 USD wirst Du

Call your sister one more time, she will help you. She will pay the cost. Nevertheless, you will be raped.

If you are lucky, you meet people who give you bread and water.

You must reach the coast. You will find people who say they have a boat. They share the secret location and time with you shortly before the departure.

The boat will be small. Around 100 people share the space. Women, men, children. It's going to be cramped.

يسهل الحصول على الأشخاص الصحاح على الحدود. يتم المعاملة أمام الجمرك. يطلبون ١٤٠٠ دولار.

اتصلي بأختك. هي العضو الوحيد من أعضاء عائلتكم الذي ليس في السجن. زوجها يستطيع أن يعيرك النقود.

الناس الذين يرافقون المجموعات إلى ليبيا سريعو الغضب مائلون إلى العدوان قاسون. تجنبي الكلام معهم. لو فعلت ذلك رغم كل شيء لتعرضت للضرب. سيترك الحزام ندوباً على جسمك.

إن كنت محظوظة في اختيار هؤلاء الناس فيأخذونك إلى الساحل مباشرة. من المحتمل ألا تكوني محظوظة. سوف يتم حبسك في سرداب

zahlen müssen.

Ruf noch einmal Deine Schwester an, sie wird Dir helfen. Sie wird den Betrag bezahlen. Vergewaltigt wirst Du trotzdem werden.

Wenn Du Glück hast, triffst Du Menschen, die dir Brot und Wasser gegeben.

Du musst die Küste erreichen. Du wirst Leute finden, die sagen, dass sie Boote haben. Der geheime Ort und die Zeit wird Dir kurz vor der Abfahrt mitgeteilt.

Das Boot wird klein sein. Rund 100 Menschen werden sich darauf den Platz teilen. Frauen, Männer, Kinder. Es wird eng sein.

Drink before departure. You should not eat.
Throw excrement into the water.

The boat will be overloaded. Water will slowly seep in. The boat will sink. Everyone will drift in the sea. Many will die. You must try to remain conscious. If you hold out until the Italian coastguard finds you, a rescue boat will bring you to the mainland. You will receive food and dry clothes.

Rest for a day, before continuing the journey.

هل تريدين أن تعادي إلى السجن؟
لم يعد لديك ما تخسرينه.

انطلقي في اتجاه السودان، واذهبي حتى لو لم تعلمي كيف تواصلين الطريق من هناك. واذهبي حتى لو لم يكن معك نقود.

تسافرين لوحدك.
أنت امرأة.
سوف تتعرضين للاغتصاب. لا يمكن تجنب ذلك.

في الطريق سوف تجدين الكثيرين الذين لا يريدون أن يعادوا إلى السجن شأنهم في ذلك شأنك أنت.

Trink vor der Abfahrt. Essen solltest Du nichts. Wirf den Kot ins Wasser.

Das Boot wird überfüllt sein. Langsam wird Wasser eindringen. Das Boot wird sinken. Alle werden im Meer treiben. Viele werden sterben. Du musst versuchen, bei Bewusstsein zu bleiben. Wenn Du durchhältst bis die italienische Küstenwache Euch findet, wird Dich ein Rettungsboot ans Festland bringen. Du wirst Essen und trockene Kleider erhalten.

Ruh Dich einige Tage aus, bevor die Reise weitergeht.

طريقة واحدة من

إريتريا

إلى أوروبا

one way from
Ethiopia
to Europe

Having money makes everything easier.
Why should you stay when there is no future for you here?
There are many who are willing to help you leave this place
for 19,000 USD.

You won't need much: a small back pack, spare clothes, money.
A truck will pick you up and drop you off near the border.

The border zone is guarded by the military.
Hide yourself.
Cross the border in the night.
Crouch down if shots are fired.
Run! Do not stop if you see that others have been hit.

سيسافر معك بالطائرة.

سوِّ من ثيابك في الحمام كي لا تثير الظنون.
تصرفا بشكل أن لا تلفتان الأنظار، تكلما عن الطقس في أوروبا.
اركبا الطائرة معاً.

بعد هبوط الطائرة ستفترقان.
بعد ذلك لا تحتاج إلى من يرافقك.

Geld zu haben, macht alles einfacher. Warum solltest Du bleiben, wenn es für Dich hier keine Zukunft gibt? Viele sind bereit, Dich für 19'000 USD von hier wegzubringen.

Du wirst nicht viel brauchen; einen kleinen Rucksack, Ersatzkleider, Geld. Ein Truck wird Dich mitnehmen und nahe der Grenze absetzen.

Die Grenzzone wird vom Militär bewacht.
Versteck Dich.
Überquere die Grenze in der Nacht.
Duck Dich, wenn Schüsse fallen.
Lauf! Halte nicht an, wenn Du siehst, wie andere getroffen werden.
Ihnen kann niemand mehr helfen.

No one can help them anymore.

If you are lucky, you won't get hit and you will leave the border zone unscathed.

Try to flag down a car, maybe a bus - in the unlikely case that one drives by. By all means try not to attract attention and reach the airport.

You have paid ahead of time. If you have managed to make it here, your helpers will organise the rest. Call them from the airport and wait. You will then be addressed by a stranger.

He will give you travel documents and a plane ticket.

أركض! لا تقف عندما ترى أن يصاب غيرك بالرصاص.
لم يعُد أحد يستطيع مساعدته.
إن كنتَ محظوظاً فلن تصاب بالرصاص وتترك المنطقة خلفك بسلامة.

حاول أن توقّف سيارة أو ربما حافلة – لو مرت أيتها على الإطلاق.
حاول ألا تلفت الأنظار وتصل إلى المطار تحت أي ظروف.

قد دفعت سلفاً. إذا كنت قد نجحت في الوصول إلى هناك فيجهّز مساعدوك الباقي. اتصل بهم من المطار وانتظر. سيكلمك شخص غريب فيما بعد.

سيعطيك وثائق السفر والتذكرة.

Wenn Du Glück hast, wirst Du nicht getroffen und wirst die Zone unbeschadet hinter dir lassen.

Versuche, ein Auto anzuhalten, vielleicht einen Bus — falls überhaupt einer vorbeifährt. Versuche unbedingt, nicht aufzufallen und den Flughafen zu erreichen.

Du hast im Voraus bezahlt. Wenn Du es bis dorthin geschafft hast, organisieren Deine Helfer den Rest. Rufe sie vom Flughafen aus an und warte. Dann wirst Du von einem Fremden angesprochen.

Er wird Dir Reisedokumente und ein Flugticket geben.
Er wird mit Dir fliegen.

He will fly with you.

Freshen up in the toilet. You should not arouse suspicion. Act inconspicuously, speak about the weather in Europe. Board the flight together.

Upon landing you will part ways.
After that, you will no longer need anyone to accompany you.

امتلاك النقود يسهِّل كل شيء.
لم عسى أن تبقى إذا لم يوجد لك مستقبل هنا؟
الكثيرون مستعدون لنقلك من هنا مقابل ١٩٠٠٠ دولار.

لن تحتاج إلى الكثير: حقيبة ظهر صغيرة، ملابس احتياطية، نقود.
ستأخذك شاحنة وتنزلك قرب الحدود.

المنطقة الحدودية تحت مراقبة الجيش.
اختبئ.
جاوز الحدود بالليل.
اختبئ عندما تسمع إطلاق نار.

Verhaltet Euch unauffällig.
Mach Dich auf der Toilette frisch, es soll kein Verdacht aufkommen.
Sprecht über das Wetter in Europa.
Steigt zusammen in das Flugzeug.

Nach der Landung werdet Ihr Euch trennen.
Danach brauchst Du niemanden mehr, der Dich begleitet.

طريقة واحدة من

أثيوبيا

إلى أوروبا

one way from

Irak

to Europe

Keep yourself hidden. Ask no questions. Do what I tell you.

Trust no one other than me. You have no choice. You must trust me.

If you have questions ask your father. I led you all out of Iran then, he will say.

The Iranian troops have now arrived here too. 20 kilometres from here they are fighting against IS. But they are also hunting you. It is the General you've already fled from once before.

Do you have Iraqi citizenship?
Do you have the right to reside in Iraq?

أعيدوا ذلك كلما اقتضته الظروف.

كونوا غير مرئين. عند القدوم إلى محل الوصول أطلبوا من أمينكم أن يسلم لي النقود.

بعد تسليم النقود ستكون معاملتنا قد انتهت.

Halte Dich versteckt. Stell keine Fragen. Mach, was ich Dir sage.

Vertraue keinem anderen, nur mir. Du hast keine Wahl. Du musst mir vertrauen.

Wenn Du Fragen hast, frag Deinen Vater. Ich habe Euch damals aus dem Iran geführt. Er wird es Dir erzählen.

Die iranischen Truppen sind nun auch hier angekommen. 20 km entfernt kämpfen sie gegen den IS. Aber auch Euch jagen sie. Es sind die gleichen Generäle, vor denen ihr schon mal geflohen seid.

Besitzt Du die irakische Staatsbürgerschaft?
Besitzt Du das Recht, Dich im Irak aufzuhalten?

Are you a member of the political party forbidden in Iran?

Your life is in danger.
You have three days. After that they will reach your village.

Call your relatives, they can make contact with me. Don't be picky, there's no time for that. We will be in contact over telephone but you will never see me.

Borrow the money from you father. Seek out a fiduciary that asks no questions. Transfer him the 15,000 USD for you, your wife and your child. Give him the order to transfer me this amount upon your arrival.

يعرفون أن تأتي. العبور مدفوع. حالما يركب ٢٠ شخصاً القارب، يبدأ عبور النهر.

أدعُ بألا يقع زوجتك وولدك في الماء. لا يعرفان السباحة. في الجانب الآخر تنتظركم سيارة.

مواصلة السفر تستغرق أسبوعين.

اجلسوا القرفصاء وأنتم في السيارة. يجب ألا يراكم أحد. أطيعوا أمر السائق بالنزول ومواصلة السير مشياً.

امشوا إلى الملتقى المتفق عليه. انتظروا قدوم سيارة أخرى.

Bist Du Mitglied der im Iran verbotenen Partei?

Dein Leben ist in Gefahr.
Du hast 3 Tage. Dann erreichen sie Euer Dorf.

Ruf Deine Verwandten an, sie können den Kontakt zu mir herstellen. Sei nicht wählerisch, dafür hast Du keine Zeit. Wir werden telefonisch in Kontakt sein, aber Du wirst mich niemals sehen.

Leih Dir das Geld von Deinem Vater. Such Dir einen Treuhänder, der keine Fragen stellt. Übergib ihm die 15'000 USD für Dich, Deine Frau und Dein Kind. Gib ihm den Auftrag, mir den Betrag nach Eurer Ankunft zu übergeben.

Do not ask where you are heading or how long it will take to get there. You know that the destination is Europe. That will have to do.

Pack a small backpack with a mobile telephone and some clothes.

2 clean shirts and pants. Nothing more.
500 USD in cash.
Dates, nuts, water.
I will organize everything else.

Be punctual in getting to the meeting point. A small bus will pick all of you up. It will bring you to the last guard before the border.

إذا رأيتم سيارات عسكرية فاختبئوا في بيت ما.
انتظروا انتهاء الصراعات.
ستعدّ مواصلة السفر إلى إسطنبول لوحدك.
توجد شركات للحافلات العمومية.
سأحضر لكم وثائق العبور اللازمة.

كونوا في الملتقى القريب من إسطنبول بعد يومين وفي الموعد المحدد.
اركبوا حافلة نقل بين المدن إلى مكان قريب من الحدود اليونانية.
سافروا في الظلام.

أركضوا إلى النهر الحدودي.
ابحثوا عن غيركم من المسافرين.
ترقبوا مرفأ القارب المطاطي.

Frag nicht, wohin es geht und wie lange es dauern wird.
Du weisst, dass es nach Europa geht. Das muss reichen.

Pack einen kleinen Rucksack mit Mobiltelefon und ein paar Kleidern.

2 frische Hemden und Hosen.
500 USD Bargeld.
Datteln, Nüsse, Wasser.
Alles andere organisiere ich.

Seid pünktlich am Treffpunkt. Ein Kleinbus wird Euch abholen.
Er bringt Euch zum letzten Posten vor der Grenze.

Steht früh auf und passiert die grüne Grenze in den Bergen.

Get up early and pass through the green border in the mountains. Put on warm clothes, you can freeze to death in the cold. Leave anyone behind who risks getting you discovered.

There is constant fighting in this region. If you see army vehicles, hide in a house. Wait until the fighting has subsided.

You will arrange the onward journey on to Istanbul yourself.

There are public bus companies. I will arrange the necessary travel documents for you.

In two days be at the meeting point close to Istanbul. Be punctual. Drive with the bus to a point close to the Greek

قميصان نظيفان وسروال. لا أكثر.
٥٠٠ دولار أمريكي نقداً
بلح، خليط من زبيب وجوز ولوز،
ماء سأحضر أنا الباقي.

لا تتأخروا عن الموعد في الملتقى. ستأتي حافلة صغيرة لتأخذكم. تنقلكم
إلى آخر نقطة سيطرة قبل الحدود.

استيقظوا باكراً واعبروا الحدود الخضراء في الجبال.
البسوا ملابس دافئة، يمكن أن يموت المرء من البرد السائد هناك.
أتركوا خلفكم كل من يعرضكم لخطر الاكتشاف.
تدور صراعات في هذه المنطقة المرة تلو المرة.

Zieht Euch warm an, bei der Kälte kann man erfrieren. Lasst jeden zurück, der Euch in Gefahr bringt, entdeckt zu werden.

Es gibt immer wieder Kämpfe in dieser Gegend. Wenn Ihr Armeefahrzeuge seht, versteckt Euch in einem Haus. Wartet, bis die Kämpfe vorbei sind.

Die Weiterreise nach Istanbul wirst Du selbst organisieren. Es gibt öffentliche Busgesellschaften. Ich werde für Euch die nötigen Durchreisepapiere organisieren.

Seid nach zwei Tagen pünktlich am Treffpunkt bei Istanbul.
Fahrt mit dem Fernbus in die Nähe der griechischen Grenze.

Reist im Dunkeln.

border. Travel in darkness.

Run to the border river. Search for other travellers.
Find the pier for the inflatable boat.

They know you are coming. The crossing is paid for.

The river will be crossed as soon as twenty people are in the boat. Hope that your wife and child do not fall into the water. They don't know how to swim.

A car is waiting for you on the other side.
The rest of the journey takes two weeks.

Remain crouched in the car. You should not be seen.

إنّ حياتك في خطر. لك ثلاثة أيام من الوقت. ثم يصلون إلى قريتكم.

اتصل بأقاربك، هم يستطيعون إقامة الاتصال بي. لا وقت لك لتكون صعب الإرضاء. سنكون على اتصال هاتفي، ولكنك لن تراني أبداً.

استعر النقود من والدك. ابحث عن أمين لا يطرح أسئلة. سلم إليه الـ ١٥٠٠٠ دولار الأمريكي من أجلك وزوجتك وولدك. أطلب إليه أن يسلم لي المبلغ بعد وصولكم.

لا تسأل إلى أين يؤدي الطريق وكم من الوقت سيستغرق. إنك تعرف أنه يؤدي إلى أوروبا. يجب أن تكفيك هذه المعلومات. احزموا حقيبة ظهر صغيرة فيها هاتف خليوي وبعض الملابس.

Lauft zum Grenzfluss. Sucht andere Reisende.
Haltet Ausschau nach der Anlegestelle des Schlauchbootes.

Sie wissen, dass Du kommst. Die Überfahrt ist bezahlt.

Sobald 20 Personen im Boot sind, wird der Fluss überquert.
Hoffe, dass Deine Frau und Dein Kind nicht ins Wasser fallen.
Sie können nicht schwimmen.

Auf der anderen Seite wartet ein Auto auf euch.
2 Wochen dauert die Weiterreise.

Bleibt im Auto geduckt. Ihr sollt nicht gesehen werden.
Gehorcht, wenn Euch der Fahrer auffordert auszusteigen und zu Fuss weiterzulaufen.

If the driver requests that you exit and continue by foot, do as you are told.

Go to the agreed upon meeting point, wait for another car. Repeat this, if the circumstances require it.

Be invisible.

Upon reaching the destination, have your fiduciary transfer me the money.

After the transfer, our business is complete.

ابقَ متخبئاً. لا تطرح أسئلة. افعل ما أقوله لك.

لا تثق بأحد غيري. لا خيار لك. يجب أن تثق بي.

إن كانت لديك أسئلة فاسأل والدك. أنا الذي أخرجتكم من إيران آنذاك. سيروي لك ذلك.

لقد وصلت القوات المسلحة الإيرانية إلى هنا. تقاتل الداعش في منطقة تبعد من هنا بـ ٢٠ كيلومتراً. ولكنها تطاردكم أنتم كذلك. هم نفس الجنرالات الذين سبق لكم أن هربتم منهم هل أنت حامل للجنسية العراقية؟

هل لك حق في الإقامة بالعراق؟ هل أنت عضو في الحزب الممنوع في إيران؟

Geht zum vereinbarten Treffpunkt, wartet auf ein weiteres Auto. Wiederholt dies, wenn es die Verhältnisse verlangen.

Seid unsichtbar.

Am Bestimmungsort angekommen, veranlasst Euren Treuhänder mir das Geld zu übergeben.

Nach der Übergabe ist unser Geschäft abgeschlossen.

طريقة واحدة من

العراق

إلى أوروبا

one way from

Iran

to Europe

The police aren't your friends. They're looking for you. You have to be quick, otherwise he'll find you and force you to marry him. The law gives him that right.

Be careful who you talk to about your plans. Trust no one, not even your best friends. You have to take the risk. You have to ask around. You have to find someone who can help you.

Ask your closest relatives, your family. They're the only ones you can trust. Try to remember whether you know anyone with close relatives who had to flee. If you know people who sell drugs, you can ask them how to cross the border unseen.

الحكومية. أركضي في الاتجاه الذي يدلونك عليه. ستصلين بعد نصف ساعة. ستكونين جوعى ومتعبة وتنبعث منك رائحة كريهة.

سوف يطرحون عليك أسئلة لا تفهمينها. حاولي أن تبقي يقظة وأن تحافظي على صفاء ذهنك. يجب ألا تخاطري

بالرفض، لا سبيل لك للعودة. سوف يستدعون مترجماً في وقت ما، سيساعدك، ثقي به، ليس لك خيار آخر.

Die Polizei ist nicht Dein Freund. Sie suchen Dich. Jetzt musst Du schnell sein, sonst wird er Dich finden und zur Frau nehmen. Das Gesetz gibt ihm das Recht dazu.

Achte darauf, mit wem Du über Deine Pläne sprichst. Traue niemandem, nicht einmal Deinen besten Freunden. Dennoch musst Du das Risiko eingehen. Du musst herumfragen. Du musst jemanden finden, der Dir helfen kann.

Frage Deine engsten Verwandten, Deine Familie, sie sind die einzigen, denen Du trauen kannst. Versuche Dich daran zu erinnern, ob Du nicht jemanden kennst, der nahe Verwandte hat, die gehen mussten. Wenn Du Leute kennst, die mit Drogen handeln, kannst Du diese fragen, wie man die Grenze ungesehen

Call them, maybe they know someone who can help you.

Be prepared to have to pay a high price for your journey. The more urgently you have to leave, the more expensive it gets. Try to stockpile cash. Only withdraw small amounts from your account so that no one gets suspicious and realises you're planning something.

As soon as the plan's ready, everything has to move fast.
Waiting is risky.
Someone could find out about your plan.
Someone could rat you out.

لمدة ٤٠ ساعة على الأقل. لا تأكلي ولا تشربي المزيد قبل الانطلاق. الوقفات لاستعمال دورة المياه ستكون قليلة وسيكون السائق هو الذي يحدد أوقاتها وأماكنها.

لا تصدري أي صوت. ابقي صامتة هادئة. لن يسمعك السائق عندما تصرخين. إلا أن غيره من الناس يستطيعون سماعك بالتأكيد. لن يمكنك النوم مهما كنت متعبة. ارتجاج الشاحنة المسبب برداءة الطرقات يؤدي إلى الغثيان. حاولي ألا تتقيأي مرات كثيرة. سوف تستلقين في قيئك للمدة المتبقية من الرحلة.

ستقف الشاحنة في وقت ما. ستكونين قد وصلت إلى بلد المقصد. يُسمح لك بالخروج من الصندوق على مقربة من أحد مراكز استقبال اللاجئين

passieren kann. Ruf sie an, vielleicht kennen sie jemanden, der Dir helfen kann.

Sei darauf gefasst, einen hohen Preis für Deine Reise zahlen zu müssen. Je dringender Du gehen musst, desto teurer wird es werden. Versuche, Bargeld anzusammeln. Hebe nur geringe Beträge von Deinem Konto ab, damit niemand misstrauisch wird und herausfindet, dass Du etwas planst.

Sobald Dein Plan steht, muss alles schnell gehen.
Es ist riskant, zu warten.
Jemand könnte von Deinem Plan erfahren.
Jemand könnte Dich verraten.

Maybe there's already a bounty on your head. It's easy money for anyone who turns you in to the authorities.

Don't hesitate! Go!

If you don't have your papers with you, go without them. Don't go back home to get them. Try to travel light. Travel with a large, fashionable handbag. No one would imagine that someone with a large, fashionable handbag is fleeing. Only take what you really need, only those things that are important to you as medicine is to a sick man.

If possible, pay for the whole journey all at once. If you have

ادفعي السفر كله دفعة واحدة إذا أمكن ذلك. لو بقي لك شيء من النقود بعد دفع السفرخذيه معك في الرحلة. وإلا فاذهبي دون نقود.

عليك أن تغادري البلد لكي لا تتمكن الشرطة من إلقاء القبض عليك. المرحلة الأولى من سفرك ستكون قصيرة. مساعدك على السفر سوف يأخذك عبر الحدود. ستنتظرين هناك. لم يكتمل تحضير مواصلة سفرك. توقعي أن تمضي أيام أو أسابيع حتى يبدأ السفر من جديد.

عندما يكون كل شيء جاهزاً سيبدأ الجزء غير السارّ من السفر. توقعي أن يتم نقلك في صندوق من خشب على مساحة تحميل لشاحنة ما وكأنك قطعة من البضائع. سيجب أن تجلسي القرفصاء لتناسبي هذا الصندوق. سيكون المكان ضيقاً مظلماً. سوف تستمرين في هذه الجِلسة

Vielleicht ist bereits ein Kopfgeld auf Dich ausgesetzt. Einfaches Geld für jeden, der Dich den Behörden übergibt.

Zögere nicht! Geh!

Falls Du Deine Ausweispapiere nicht bei Dir hast, geh ohne sie, geh nicht nach Hause, um sie zu holen. Versuche, Dein Gepäck leicht zu halten. Reise mit einer schicken, grossen Handtasche. Niemand wird sich vorstellen können, dass jemand mit einer schicken, grossen Handtasche flüchtet. Nimm wirklich nur das mit, was Du brauchst, Dinge, die für Dich so wichtig sind, wie für jemand Kranken seine Medizin.

Zahle die Reise - wenn möglich - auf einmal. Falls Du, nachdem

any cash left over after paying, take it with you. If you don't, just go without money.

You have to leave the country so the police can't get you. The first part of your journey will be short. Your helpers will take you across the border. There, you'll have to wait. The rest of your journey still has to be organized. Be prepared for it to take days, even weeks, before you can continue.

When everything's been organized, the uncomfortable part of your journey will begin. Be prepared to be transported like cargo in a wooden crate on the back of a truck. You'll have to

سيمكن أن يخونك شخص ما.
ربما قد وضعت جائزة على رأسك.
وهي مال سهل لكل من يسلمك إلى السلطات.

لا تترددي! اذهبي!

إذا لم تكن معك وثائقك الشخصية فاذهبي بدونها، لا تذهبي إلى البيت لتأخذيها. حاولي ألا تحملي الأمتعة الثقيلة. سافري حاملة شنطة يد كبيرة أنيقة. لن يستطيع أحد أن يتصور أنه يهرب هارب حاملاً شنطة كبيرة أنيقة. لا تأخذي معك إلا ما تحتاجين إليه فعلاً، وهي الأشياء التي هي ضرورية بالنسبة إليك ضرورة الدواء بالنسبة المريض.

Du die Reise bezahlt hast, noch etwas Geld übrig hast, nimm es mit auf den Weg. Falls nicht, geh ohne Geld.

Damit die Polizei Dich nicht mehr fassen kann, musst Du das Land verlassen. Die erste Strecke deiner Reise wird kurz sein. Dein Reisehelfer wird Dich über die Grenze bringen. Dort wirst Du warten. Deine Weiterreise muss erst noch organisiert werden. Rechne damit, dass es Tage oder Wochen dauert, bis es weitergeht.

Wenn alles organisiert ist, wird der unangenehme Teil Deiner Reise beginnen. Sei darauf gefasst, als Frachtstück in einer Holzkiste auf der Ladefläche eines LKWs zu reisen. Um in diese Kiste zu passen, wirst Du Dich zusammenkauern müssen. Es wird eng

curl yourself up to fit in the crate. It'll be tight and dark. You'll have to last in this position for at least 40 hours.

Don't eat or drink too much before departing. There'll only be a few toilet stops along the way, and the driver will decide when and where they are.

Don't make a sound. Stay still and quiet. The driver won't hear you if you call out. But others might. You won't be able to sleep no matter how tired you are. When the truck passes over bad roads, the constant jolts will make you nauseous. Try not to puke too much. You'll have to lie in it for the rest of the ride.

كيف يمكن عبور الحدود دون إلفات الأنظار. اتصلي بهم، ربما يعرفون من يستطيع مساعدتك.

توقعي أن يكون عليك دفع ثمن غال لأجل سفرك. بقدر ما تلح عليك الحاجة إلى الذهاب سيرتفع الثمن. حاولي أن تجمعي النقود الجاهزة. لا تسحبي إلا مبالغ ضئيلة من حسابك كي لا يشك أحد فيك فيكتشف أنك تخططين لشيء.

عندما تكون خطتك جاهزة يجب أن تسير كل الأمور بسرعة.
الانتظار لا يخّلو من الخطر.
سيمكن أن يطّلع شخص ما على خطتك.

und dunkel. Mindestens 40 Stunden wirst Du in dieser Haltung ausharren.

Iss und trink nicht zu viel vor der Abreise. Es wird nur wenige Toiletten-Stops geben und der Fahrer wird entscheiden, wann und wo diese sind.

Gib keinen Laut von Dir. Verhalte Dich still und ruhig. Der Fahrer wird Dich nicht hören, wenn Du rufst. Andere Leute könnten Dich aber sehr wohl hören. Du wirst nicht schlafen können, egal wie müde Du bist. Das Rütteln des LKWs durch die schlechten Strassen verursacht Übelkeit. Versuche, Dich nicht zu oft zu übergeben. Du wirst den Rest der Reise in Deinem Erbrochenen liegen.

At some point the truck will stop. You'll already be in the target country. You'll be let out of the crate near to an official arrival centre for refugees. Walk in the Direction they tell you to. After about 30 minutes you'll get there. You'll be hungry and tired and will smell terrible.

They'll ask you questions you won't understand. Try to stay awake and keep a clear head. You cannot be turned away now, you cannot return. At some point they'll call a translator. He'll help you. Trust him, you don't have any other choice.

رجال الشرطة ليسوا بأصدقائك. يبحثون عنك. الآن عليك الاستعجال، وإلا فسوف يجدك ويتزوجك. يعطيه القانون الحق في ذلك.

انتبهي إلى من تتكلمين معه عن خططك. لا تثقي بأحد ولا حتى بأفضل أصدقائك.

عليك أن تتقبلي المخاطرة. عليك أن تسألي الأشخاص حولك. عليك أن تجدي من يستطيع مساعدتك.

اسألي أقرب أقاربك وعائلتك، فإنهم الوحيدون الذين تستطيعين الثقة بهم. حاولي أن تتذكري ما إذا عرفت من له أقارب مقربون كان عليهم أن يذهبوا. إذاً كنت تعرفين ناساً يتجرون بالمخدرات فبإمكانك أن تسأليهم

Irgendwann wird der LKW anhalten. Du wirst bereits im Zielland sein. Du wirst in der Nähe eines offiziellen Ankunftszentrums für Flüchtlinge aus der Kiste gelassen. Lauf in die Richtung, die sie Dir weisen. Nach ca. 30 Minuten wirst Du ankommen. Du wirst hungrig und müde sein und Du wirst übel riechen.

Sie werden Dir Fragen stellen, die Du nicht verstehen wirst. Versuche, wach zu bleiben und einen klaren Kopf zu behalten. Du darfst nicht abgewiesen werden, Du kannst nicht zurück.

Irgendwann werden sie einen Übersetzer rufen, er wird Dir helfen, vertraue ihm, Du hast keine andere Wahl.

طريقة واحدة من

إيران

إلى أوروبا

one way from
Lebanon
to Europe

You are twenty-six. He is older, often aggressive. You are scared of him, you do not love him. The decision has been made. It is time for you to marry.

It is a quiet March night. Do not contemplate things for too long, pack a small backpack, some clothes and money. Run! No one follows you and no one will notice if you leave now.

You must abandon your sister, leave her on her own, even when you know that she cannot depend on your mother anymore. Tell her that she should follow you later.

Take the money that you earned in your mother's restaurant. This 4,000 USD will be enough to make it through. You have

لا تيأسي وحاولي من جديد باستمرار.

إن نجحت في الوصول إلى مقصدك، فأطلعي أمك التي لم تسمع عنك منذ خمسة أشهر وتبكي لأجلك.

Du bist 26. Er ist älter, oft aggressiv. Du hast Angst vor ihm, Du liebst ihn nicht. Die Entscheidung wurde getroffen. Es sei Zeit für dich, zu heiraten.

Es ist eine stille Märznacht. Denk nicht lange nach, pack einen kleinen Rucksack, ein paar Kleider und Geld. Renn! Niemand folgt Dir und niemand bemerkt es, wenn Du jetzt gehst.

Verlass Deine Schwester, lass sie allein, auch wenn Du weisst, dass sie auf Eure Mutter nicht mehr zählen kann. Sag ihr, dass sie Dir später folgen soll.

Nimm das Geld, das Du im Restaurant Deiner Mutter verdient hast. 4'000 USD werden reichen, um durchzukommen. Du hast

worked for it for a long time.

Your sister will not betray you. They will question her about you. Tell her she should also plan her departure, in secret.

For you, it must happen quickly. You have no time to devise plans. Go to the airport and get the first ticket you can to a country where you don't need a visa.

You have a few days lead. You have to move on. Take three days. Consider where you could go. Contact friends whom you trust and ask them to put you in touch with someone who can bring you further on your journey.

التحرشات، مما يسمح لها بأن تجد لها طريقاً آخر. انصحيها بأن تدخر المزيد من النقود. إن كان لديها عقد عمل دائم، فبإمكانها طلب تأشيرة سياحية. عليها أن تستعملها لحجز رحلة مباشرة بالطائرة. قولي لها أن تدفع ١٠٠ دولار أمريكي لمحامٍ ما لأجل ذلك.

ركزي على مواصلة سفرك. فلا يُلقَ القبض عليك للمرة السادسة. كوني على حذر، فإنّ الشرطة في كل مكان، توقف كل من يحاول الهروب. حاوليه رغم ذلك.

إن نجحت فسافري في اتجاه الشمال. إن ألقي القبض عليك هناك، فاعتبري نفسك محظوظة لأنهم يعيدونك إلى مكان إقامتك قبل الأخير فقط مهما صعب الوضع، فلن تكوني في وطنك حيث يجب عليك الزواج.

lange dafür gearbeitet.

Deine Schwester wird Dich nicht verraten. Sie werden sie über Dich ausfragen. Sag ihr, sie soll im Geheimen auch ihre Abreise planen.

Für Dich muss es schnell gehen. Du hast keine Zeit, um Pläne zu schmieden. Geh zum Flughafen und hol Dir das erstbeste Ticket, mit dem Du in ein Land fliegen kannst, für das Du kein Visum brauchst.

Du hast ein paar Tage Vorsprung. Du musst weiter. Nimm Dir 3 Tage Zeit. Überlege, wohin Du gehen könntest. Kontaktiere Freunde, denen Du vertraust und bitte sie, Dich an jemanden zu

If they find someone for you, meet this person and discuss the details of the rest of the journey. The more details they can give you, the more truthful what they're telling you is.

Plan for seven days. Pay 1,500 USD to travel by the short, but dangerous, sea-route to the island. Pay another 45 euros and travel with a secure ferry to the mainland.

Procure warm clothes. You will sleep on the ground in forests. Alone.

Inform only your sister about your current location. Tell her of the harassment you have faced so that she can find another

عندما يجدون لك شخصاً ما فالتقي معه وتناقشي معه حول تفاصيل مواصلة سفرك. كلما أمكنه أن يذكّر لك تفاصيل أكثر كلما احتمل أن يصح ما يقوله لك.

خططي لأجل فترة سبعة أيام. ادفعي ١٥٠٠ دولار للسفر عن الطريق البحري القصير ولكنه خطير إلى الجزيرة. ادفعي ٤٥ يورو إضافياً فواصلي سفرك إلى القارة على متن عبارة آمنة.

أحصلي لك على ملابس دافئة. سوف تنامين على الأرض في الغابات. وحدك.

أطلعي أختك وحدها على مكان إقامتك الحالي. أذكري لها ما يقع من

vermitteln, der Dich weiter weg bringen kann.

Wenn sie jemanden für Dich gefunden haben, triff die Person und besprich mit ihr die Details Deiner Weiterreise. Je mehr Details sie Dir erzählen kann, desto eher stimmt es, was sie Dir sagt.

Plane für 7 Tage. Zahle 1'500 USD, um via die kurze, aber gefährliche Seeroute bis zur Insel zu reisen. Zahle weitere 45 EUR und reise mit einer sicheren Fähre weiter aufs Festland.

Besorge Dir warme Kleider. Du wirst auf dem Boden in Wäldern schlafen. Allein.

Informiere nur Deine Schwester über Deinen aktuellen Standort. Erzähle ihr von den Belästigungen, damit sie für sich einen ande-

path for herself. Advise her to save more money. If she has a solid work contract, she can apply for a vacation visa. Then she can book a direct flight. Tell her to pay 100 USD to a lawyer for this.

Concentrate on the rest of the trip. Do not let yourself get intercepted for the sixth time. Remain alert, the police are everywhere, they detain anyone trying to escape. Try anyway you can.

If you manage this, travel north. If you get detained there, be happy that they will only send you back to your second-to-last place of residence. At least it is not your home, in which you

لتغطية نفقاتك. لقد عملت من أجلها طويلاً.

لن تخونك أختك. سوف يستجوبونها عنك. قُولي لها أن تحضر مغادرتها هي الأخرى في الخفاء.

يجب أن تسير أمورك بسرعة. ليس لديك وقت لوضع الخطط. اذهبي إلى المطار وأحصلي على أية تذكرة تسمح لك بالرحلة إلى بلد يمكنك دخوله دون تأشيرة.

لديك تبكير بضعة أيام. عليك أن تستمري. خذي ثلاثة أيام من الوقت. فكري إلى أين يمكنك أن تذهبي. اتصلي بأصدقاء تثقين بهم وأرجي منهم أن يدلوك على شخص يستطيع إيصالك إلى مكان أبعد.

ren Weg finden kann. Rate ihr, mehr Geld anzusparen. Wenn sie einen festen Arbeitsvertrag hat, kann sie ein Urlaubsvisum beantragen. Damit soll sie einen Direktflug buchen. Sag ihr, sie solle dafür einem Anwalt 100 USD bezahlen.

Konzentriere Dich auf Deine Weiterreise. Lass Dich nicht ein sechstes Mal abfangen. Sei achtsam, die Polizei ist überall, sie halten jeden auf, der zu flüchten versucht. Versuche es trotzdem.

Wenn Du es schaffst, reise nordwärts. Wenn sie Dich dort abfangen, freue Dich, dass sie Dich nur an deinen vorletzten Aufenthaltsort zurückschicken. Es ist immerhin nicht Deine Heimat, in der Du heiraten müsstest. Gib nicht auf und versuche es immer

would have had to get married. Do not give up. Try again and again.

If you manage to make it to your destination, inform your mother who has been in state of uncertainty, crying over you for the last five months.

أنت في السادسة والعشرين من عمرك. هو أكبر منك بالعمر ويميل إلى السلوك العدواني مراراً. أنت خائفة منه ولا تحبينه. قد تم اتخاذ القرار. يقال إنه حان الوقت لتتزوجي.

إنها ليلة هادئة من شهر آذار. لا تفكري طويلاً، احزمي حقيبة ظهرك الصغيرة، ضعي فيها بعض الملابس والنقود. أركضي! لا أحد يتبعك ولا ينتبه إليك إذا ذهبت الآن.

غادري أختك، أتركيها لوحدها وإن كنت على علم بأنها لم تعد تستطيع الاعتماد على أمكما. قولي لها أن تتبعك فيما بعد.

خذي النقود التي قبضتها في مطعم أمك. ستكفي ٤٠٠ دولار أمريكي

wieder von Neuem.

Wenn Du es schaffst, Dein Ziel zu erreichen, informiere Deine Mutter, die seit fünf Monaten im Ungewissen ist und um Dich weint.

طريقة واحدة من

لبنان

إلى أوروبا

one way from

Morocco

to Europe

You are fotunate. There is no war in your country. You are not being pursued.

It is difficult to find work. This is hard to endure. You can't start a family without money.

You are hard-working and have an education, but no one pays you, no one wants their house painted by you. When an interesting job is being contracted, you would need to bribe the right people to get it. But you don't have the money to do this.

You are young and have almost your entire life ahead of you. Go somewhere, where there is a future for you. Somewhere,

يمكن أن تتعرض لنهب ممتلكاتك. ثم سيأخذون منك جواز سفرك إذا لم يكونوا قد فعلوا ذلك من قبل.

واصل سفرك نحو الشمال. لم يبقَ إلا حدود بلد واحد.

Du bist privilegiert. Es gibt keinen Krieg in Deinem Land. Du wirst nicht verfolgt.

Es ist schwierig, Arbeit zu finden. Das ist schwierig auszuhalten. Ohne Geld kannst Du keine Familie gründen.

Du bist fleissig und hast eine Ausbildung, aber niemand bezahlt Dich, keiner möchte sein Haus von Dir gestrichen kriegen. Wenn ein interessanter Auftrag zu vergeben ist, müsstest Du, um ihn zu erhalten, die richtigen Leute bestechen. Dazu fehlt Dir aber das Geld.

Du bist jung und hast fast dein ganzes Leben noch vor Dir. Geh an einen Ort, der Dir eine Zukunft gibt. Ein Ort, wo Du Arbeit

where you can find work and build a life.

You live on the border of Europe, but you can't get to the other side. First you need to reach the other side of the continent.

Sell what you have. Turn everything into money. Ask you parents for money, you will pay them back later.

You can fly to Turkey without a visa. The flight costs 400 EUR. Pack your bags as if you were going on vacation. You should not attract attention.

At the airport in Ankara you find people who will take you to Greece. First ask about the prices and sizes of the boats. The

إن نجحت في العبور فاقطع تذكرة إلى مقدونيا. افعل ما يفعله باقي المسافرين. لا تقض الليل لوحدك ولا في الهواء الطلق. هذا خطير جداً. ابحث عن المخيماتَ. ربما توجد أماكن فاضية فيها.

إذا نفدت نقودك فكلم الناس الغرباء المتواجدين في محطات القطار وطالبهم بالمساعدة. حاول أن تصل إلى إيطاليا هكذا.

اختبئ كلما رأيت رجال شرطة. إذا رأوك سيضربونك.

في إيطاليا لا توجد خيام لناس مثلك. سوف يجب أن تقضي الليل في الهواء الطلق.

finden und Dir ein Leben aufbauen kannst.

Du lebst an der Grenze zu Europa, aber Du kannst nicht auf die andere Seite gelangen. Zuerst musst Du die andere Seite des Kontinents erreichen.

Verkauf, was Du hast. Mach aus allem Geld. Bitte Deine Eltern um Geld, Du wirst es ihnen später zurückzahlen.

In die Türkei kannst Du ohne Visum fliegen. Der Flug kostet 400 EUR. Pack Deine Taschen so, als ob Du in den Urlaub fahren würdest. Du sollst nicht auffallen.

Am Flughafen in Ankara findest Du Leute, die Dich nach Griechenland bringen. Frag zuerst nach den Preisen und der Grösse

prices vary between 300 and 1500 EUR.

Choose a small but inexpensive boat. Follow the agent. He will accommodate you until the boat is ready.

At the point of departure, the passenger count is 45.

Go to the coast and conceal yourself there. You must wait. The coastguard must be out of eyeshot. Then it has to go quickly. It can happen that the coastguard shows up when you're already on board, in which case leave the boat and hide in the bushes.

After three or four attempts the boat will take off and take you safely to Greece.

تبقى عنده إلى أن يكون القارب جاهزاً.

عندما تبدأ الرحلة، سيبلغ عددكم ٤٥ شخصاً.

ستنزلون على الساحل وتختبئون هناك. عليكم الانتظار. يجب أن يكون خفر السواحل بعيداً عن مدى الرؤية. ثم يجب أن تجري الأمور بسرعة. قد يحدث أن يعود خفر السواحل فجأةً وأنتم قد ركبتم القارب.

انزلوا من القارب واختبئوا في الأدغال.
بعد ثلاث أو أربع محاولات سوف يقلع القارب ويوصلك آمناً إلى اليونان.

لون بشرتك أبيض. تسافر وكأنك سائح. حاول أن تركب عبارة تأخذك إلى القارة دون أن تلفت الأنظار. جهّز من النقود ما يكفي لدفع التذكرة.

der Boote. Die Preise variieren zwischen 300 und 1'500 EUR.

Wähle ein kleines aber preiswertes Boot. Folge dem Vermittler. Er wird Dich bei sich unterbringen, bis das Boot bereit ist.

Wenn es losgeht, werdet ihr 45 Personen zählen.

Ihr werdet an die Küste gehen und Euch dort verstecken. Ihr müsst warten. Die Küstenwache muss ausser Sichtweite sein. Dann muss es schnell gehen. Es kann passieren, dass Ihr bereits an Bord seid und die Küstenwache wieder auftaucht. Verlasst das Boot und versteckt Euch in den Büschen.

Nach drei oder vier Versuchen wird das Boot ablegen und Dich sicher nach Griechenland bringen.

Your skin is light. You travel as a tourist. Try, inconspicuously, to catch a ferry to the mainland. Have enough money ready for a ticket.

When you've made the crossing, buy a train ticket in the Direction of Macedonia. Orient yourself to other travellers. Do not spend the night alone or out in the open. It's too dangerous. Seek out a tent city. Sometimes there are free spots.

When you run out of money, ask strangers in the train station for help. Try to make it to Italy.

Hide when you see the police. If they see you, they'll beat you up.

أولاً يجب أن تصل إلى الجانب الآخر من القارة.

بِع ما لديك. بع كل شيء لتحصل على النقود. أطلب النقود من والديك، ستردها إليهما فيما بعد.

بإمكانك أن تسافر إلى تركيا بالطائرة بدون تأشيرة. الرحلة بالطائرة تكلف ٤٠٠ يورو. احزم حقائبك وكأنك تسافر لقضاء العطلة. المهم ألا تلفت الأنظار.

في مطار أنقرة تجد من يأخذك إلى اليونان. في الأول اسأل عن أسعار القوارب وحجمها. الأسعار تتراوح بين ٣٠٠ و١٥٠٠ يورو.

اختر قارباً صغيراً ولكنه رخيص. اتبع الوسيط. سوف يسمح لك بأن

Deine Hautfarbe ist hell. Du reist als Tourist. Versuche, unauffällig auf eine Fähre zum Festland zu gelangen. Halte genügend Geld bereit für das Ticket.

Wenn Dir die Überfahrt gelingt, kauf Dir ein Zugticket in Richtung Mazedonien. Orientiere Dich an den anderen Reisenden. Übernachte nicht alleine und nicht im Freien. Das ist zu gefährlich. Suche nach Zeltstädten. Manchmal gibt es freie Plätze.

Wenn Dir das Geld ausgeht, dann sprich an den Bahnhöfen Fremde an und bitte Sie um Hilfe. Versuche so bis nach Italien durchzukommen.

Versteck Dich, wenn Du Polizisten siehst. Wenn sie Dich sehen,

There are no tents for people like you in Italy. You will have to spend the night outdoors. You could be robbed. They might try to take your passport.

Travel further north. Just one more border.

لا تدور حرب في بلدك. أنت لست متعرضاً للإضطهاد. إنما أنت متمتع بالامتيازات. يصعب الحصول على العمل. تحمّل هذا الوضع صعب. لا يمكن أن تبني عائلة بدون نقود.

إنك مجتهد ولم تتعلم مهنةً ما ولكن لا أحد يدفع لك، لا أحد يوظفك لتدهن بيته. لوعُرض عمل مناسب لكان عليك أن ترشو من يمنحه لك. ولكنك لا تملك من النقود ما يكفي لذلك.

إنك شابٍ وتكاد أن تملك حياة بأكملها أمامك. اذهب إلى مكان يقدم لك مستقبلاً. مكان يمكن أن تجد عملاً فيه وتبني حياة لك.

تعيش على حدود أوروبا، ولكنك لا تستطيع العبور إلى الجانب الآخر.

werden sie Dich verprügeln.

In Italien gibt es keine Zelte für Menschen wie Dich. Du wirst im Freien übernachten müssen. Du könntest überfallen werden. Spätestens dann würden sie Dir Deinen Pass abnehmen.

Reise in Richtung Norden weiter. Nur noch eine Grenze.

طريقة واحدة من

المغرب

إلى أوروبا

one way from

Somalia

to Europe

Go, I'm telling you!
Go, even if you'd rather stay.
Go, even if you don't want to leave your family, your friends and your classmates.

They came for your brother.
They showed no respect, even at the mosque.
They came. You were there to pray.
They broke your arm and threatened you.
You will die if you stay.

They told you what would happen to your mother if they ever

ربما تستطيع التخبؤ في مدينة أخرى لبضعة أيام لأجل التخطيط لسفرك.
ربما في بيت عمك.

طالب أقاربك بمدخراتهم.
استحصل جواز سفر يسمح لك بالحصول على تذكرة طيران.

اذهب!

Ich rate dir, geh!
Geh, auch wenn Du lieber bleiben willst.
Geh, auch wenn Du Deine Familie, Deine Freunde und Schulkameraden nicht verlassen möchtest.

Sie haben Deinen Bruder geholt.
Selbst vor der Moschee hatten sie keinen Respekt.
Sie kamen. Du warst zum Beten da.
Sie haben Dir den Arm gebrochen und Dir gedroht.
Du wirst sterben, wenn Du bleibst.

Sie haben Dir gesagt, was mit Deiner Mutter geschehen wird, wenn sie Dich je wieder sehen. Sie kennen keine Gnade und da ist keiner, der Dich beschützt.

see you again.
They show no mercy and there is no one to protect you.

If you want to go, go now.
Maybe you can hide in another city for a few days to plan the trip. Maybe at your uncle's house.

Ask your family members for their savings.
Procure a fake passport from a country that will allow you to obtain a plane ticket.

Go!

أنصحك بالذهابِ اذهب حتى لو كنت تفضل البقاء.
اذهب حتى لو لمَ تحب أن تغادر عائلتك وأصدقاءك وزملاء صفك.
قد أتوا وأخذوا أخاك.
ما احترموا حتى المسجد.

أتوا كنت في المسجد لإقامة الصلاة قد كسروا ذراعك وهددوك.
سوف تموت لو بقيت.

قالوا لك ما سيحدث لأمك لو رأوك مرة أخرى في أي وقت كان.
لا يرحمون ولا يوجد أحد يدافع عنك.
إن كنت تريد الذهاب فاذهب الآن.

Wenn Du gehen möchtest, geh jetzt.
Vielleicht kannst Du Dich für ein paar Tage in einer anderen Stadt verstecken, um Deine Reise zu planen.
Vielleicht im Haus Deines Onkels.

Bitte Deine Familienangehörigen um ihr Erspartes.
Beschaff Dir einen gefälschten Pass vom richtigen Land, der es Dir ermöglicht, ein Flugticket zu erhalten.

Geh!

طريقة واحدة من

الصومال

إلى أوروبا

one way from

Somalia

to Europe

You work for the government, which makes you a target. There are terrorists who pressure you to resign from your position. If you don't, they will kill you. Colleagues of yours have already been killed.

You must decide. Listen to your father, he loves you. He only wants what's best for you.

Once you've made your decision, you must not waste any time. Someone from your circle of friends will tell you whom you should contact.

Finding an escort is no problem. The bigger problem is finding the money to pay for one.

Du arbeitest für die Regierung, das macht Dich zu einem Ziel. Es sind Terroristen, die Dich drängen, Deine Stelle zu kündigen. Wenn Du es nicht tust, werden sie Dich töten. Arbeitskollegen von Dir haben sie bereits getötet.

Du musst Dich entscheiden. Hör auf Deinen Vater, er liebt Dich, er will nur das Beste für Dich.

Wenn Du eine Entscheidung getroffen hast, darfst Du keine Zeit verlieren. Irgendjemand aus Deinem Freundeskreis wird Dir sagen, wen Du kontaktieren sollst.

Einen Begleiter zu finden, ist kein Problem. Eher ein Problem ist es, das Geld dafür aufzubringen.

Do not travel to Libya. It's too dangerous. There's too many stories of people who have tried to travel from there. Look for someone who will help you make it to Greece.

You need money. You need 10,000 USD. Sell you car and ask you family for their savings. Your family is worried about you — accept their sympathy and support and follow their advice.

It is important that you have already left, when they come to take your life.

The cost must be paid before departure.
Everything is included in the cost: the plane ticket to Iran,

فقد فات أوان العودة. لا يبقى لك خيار فيما بعد.

ستسافر من اليونان لوحدك. يجب أن تنظم كل شيء لوحدك. إن بقي لك شيء من النقود فتستطيع شراء تذكرة حافلة.

فكِّر في هدفك دائماً. بلد أحلامك. مستوى حياة راق ومناظر طبيعية خلابة. فكر فيها واتبع حلمك. لا تتوقف عن السير الى الأمام.

ولكن قبل ذلك فكِّر جيداً هل تريد الذهاب فعلاً. لن ترى والديك مرةً أخرى أبداً. لن ترى أصدقاءك مرة أخرى أبداً. لا تذهب إلا إذا كنت مضطراً للذهاب فعلاً. لا تذهب إلا إذا كنت متورطاً في المشاكل فعلاً. وإلا فلا جدوى من سفر مثل هذا.

Reise nicht nach Libyen. Es ist zu gefährlich. Es gibt zu viele Geschichten von Leuten, die es von dort versucht haben. Suche jemanden, der Dir hilft, nach Griechenland zu gelangen.

Du brauchst Geld. Du brauchst 10'000 USD. Verkauf Dein Auto und bitte Deine Familie um ihr Erspartes. Deine Familie sorgt sich um Dich – akzeptiere ihre Fürsorge und Hilfe und befolge ihre Ratschläge.

Wichtig ist, dass Du dann, wenn sie kommen, um Dir Dein Leben zu nehmen, bereits gegangen bist.

Der Preis ist vor der Abreise zu entrichten. Im Preis ist alles inklusive: Das Flugticket nach Iran, Wasser, Essen, ein paar Zigaretten.

water, food and a few cigarettes.

Bring a small bag. You don't need much: a jacket, two pairs of jeans, shoes. That's it. Avoid unnecessary weight. You can download the Koran onto your mobile phone.

They will take your ID. It's risky. You could be caught. The police could reconstruct your route.

Do not worry. Have faith! Your helpers will escort you. One after another, each of them will lead you a little further — whether its a driver or someone who brings you over the next border. You will be helped to get to Greece. Then no further.

أحذية. هذا هو كل شيء. تجنب حمل الأمتعة الزائدة. القرآن تستطيع تحميله على هاتفك الخليوي.

سيأخذون منك هويتك. لا يخلو الأمر من الخطر. يمكن أن يُلقى القبض عليكم. يمكن أن تعيد الشرطة تعقب مساركم.

لا تقلق. ثق! مساعدوك سيرافقونك. الواحد ثم الآخر. كلهم يساعدونك على مواصلة الطريق – سائقاً كان أم شخصاً يؤديك عبر الحدود.

معك من يرافقك إلى اليونان. لن يبقى من يرافقك من هناك.

توقَّعْ أن تكون مضطراً لقطع المسافات الطويلة مشياً. لا تنتظر أن تكون لديك فرص كثيرة لمخالطة المسافرين الآخرين. عندما تكون في الطريق

Nimm eine kleine Tasche mit. Du brauchst nicht viel: Eine Jacke, ein Paar Jeans, Schuhe. Das ist alles. Vermeide unnötiges Gewicht. Den Koran kannst Du auf Dein Mobiltelefon laden.

Sie werden Dir Deinen Ausweis abnehmen. Es ist riskant. Ihr könntet erwischt werden. Die Polizei könnte Euren Weg rekonstruieren.

Mach Dir keine Sorgen. Vertraue! Deine Helfer werden Dich geleiten. Einer nach dem Anderen. Alle führen Dich weiter - sei es ein Fahrer oder jemand, der Dich über die nächste Grenze bringt.

Bis Griechenland wirst Du geleitet. Dann nicht mehr.

Be prepared to travel long distances by foot. Do not expect to have a lot of interaction with other travellers. After departing, there is no turning back. You no longer have a choice.

From Greece you will travel alone. You must organize everything yourself. If you still have some money, you can buy a ticket for the bus.

Always bear your destination in mind. The land of your dreams. The quality of life and breathtaking landscapes there. Hold this in your mind and pursue your dream. Keep pushing forward.

لا تسافر إلى ليبيا. هذا خطير جداً. هناك الكثير من القصص عمّن حاول العبور من هناك. ابحث عمّن يساعدك على الوصول إلى اليونان.

تحتاج إلى النقود. تحتاج إلى ١٠٠٠٠ دولار. بِع سيارتك وطالب عائلتك بإعطاء مدخراتها. عائلتك تعتني بك – اقبل عنايتها ومساعدتها واتّبع نصائحها.

المهم أن تكون قد غادرت في الوقت الذي يأتون فيه للقضاء عليك.

يجب دفع الثمن قبل المغادرة. يدخل في الثمن كل شيء: التذكرة إلى إيران، الماء، الأكل، بعض السجائر.

خذ حقيبة صغيرة معك. لا تحتاج إلى الكثير: سترة، سروال جينز،

Sei darauf gefasst, dass Du weite Strecken zu Fuss gehen musst. Erwarte nicht, dass Du viel Austausch mit den anderen Reisenden haben wirst. Wenn Du auf dem Weg bist, gibt es kein Zurück. Du hast dann keine Wahl mehr.

Ab Griechenland wirst Du alleine reisen. Du musst alles selber organisieren. Wenn Du noch Geld hast, kannst Du Dir ein Ticket für den Bus kaufen.

Denk immer an dein Ziel. Das Land Deiner Träume. Lebensqualität und atemberaubende Landschaften. Denk daran und verfolge Deinen Traum. Geh immer weiter.

Aber überleg Dir vorher gut, ob Du wirklich gehen willst. Deine

But beforehand, consider carefully whether you actually want to go. Your parents will never see you again. Your friends will never see you again. Only go if you are truly impelled. Only go if you find yourself in real difficulty. Otherwise, such a trip is senseless.

تعمل للحكومة، هذا الأمر يعرضك للخطر. الإرهابيون هم الذين يلحون عليك بمطالبتك بالاستقالة. إذا لم تفعل ذلك سيقتلونك. من زملائك من قد قتلوه.

عليك اتخاذ القرار. اسمع كلام والدك، هو يحبك، لا ينصحك إلا بما هو في مصلحتك.

حالما تتخذ قراراً يجب ألا تضيع الوقت.
أحد أصدقائك سيقول لك بمن تتصل.

لا يصعب الحصول على مرافق. الحصول على النقود اللازمة لاستخدامه هو أمر أصعب.

Eltern wirst Du nie mehr sehen. Deine Freunde wirst Du nie mehr sehen. Geh nur dann, wenn Du wirklich dazu gezwungen bist. Geh nur dann, wenn Du in wirklichen Schwierigkeiten steckst. Ansonsten ist eine solche Reise sinnlos.

طريقة واحدة من

الصومال

إلى أوروبا

one way from

Syria

to Europe

You should leave this place.
You have no future here.
There is a war going on and nobody wants you here.

They didn't want to treat you at the hospital.
Five children disappeared from the neighborhood last month.
You know where they were taken.

Do you really want to see your three daughters grow up here?
Do you want to live in permanent fear for your children?

Leave this place.

Take your sister-in-law and her children too. Together, your chances will be better.

في بيت مع أهله. من المفضل أن يبحث زوجك عن عمل مرة أخرى.
سجلوا أنفسكم لدى الصليب الأحمر وأنتم في إسطنبول. سيساعدكم
على ملأ إستمارات طلب اللجوء.

ستكونون مضطرين للانتظار.

ستمضي ستة أشهر حتى الإخبار.
إن كنتم محظوظين فيُسمح لكم بمواصلة السفر.
ستحصلون على التذاكر من الصليب الأحمر.

ربما ترين أختك من جديد.

Ihr solltet diesen Ort verlassen.
Ihr habt hier keine Zukunft.
Es herrscht Krieg und niemand will Euch hier.

Im Spital wollten sie Dich nicht behandeln. Vergangenen Monat sind in der Nachbarschaft 5 Kinder verschwunden. Du weisst, wohin sie gebracht wurden.

Willst Du Deine drei Töchter wirklich hier aufwachsen sehen?
Willst Du in permanenter Angst um Deine Kinder leben?

Verlass diesen Ort.

Nimm auch Deine Schwägerin und Ihre Kinder mit. Gemeinsam werden Eure Chancen höher sein.

Pack the medicine. Painkillers and antibiotics for all eventualities. Weatherproof, winter clothes and comfortable shoes. Biscuits, water and something to eat for the children. ID cards, if you have any, and mobile phones to communicate with each other if you get separated.

Take the car to the Iraqi border. It will probably be taken from you there.

You'll be waiting at the border. At some point the border will be reopened.

Maybe you can find an old schoolhouse. You can sleep there.

Take special care that the children eat enough.

سيطردونكم إلى الخلف.
لن يرحموا حتى النساء والأطفال.

أرشوا الموظفين. سيطلبون ١٥٠ دولاراً لأجل كل شخص.
رغم ذلك يضربون الرجال سيضربون زوجك كذلك.
أما بعد ذلك فسوف يسمحون لكم بالعبور.
ابحثوا عن نقطة استراحة على الطريق السريع.

ان يصعب، أن تحملوا أحد سواق الشاحنات على أن يأخذكم معه.
السائق يضع الشروط. إن أردتم مواصلة الطريق فاقبلوها.

في إسطنبول تستطيعون السكن عند معارف لبضع ليال. ولكن سرعان
ما تحتاجون إلى منزل خاص بكم، عددكم أكثر ببساطةً من أن تشتركوا

Pack die Medikamente ein. Schmerzmittel und Antibiotika für alle Fälle. Wetterfeste Kleider für den Winter und bequeme Schuhe. Kekse, Wasser und etwas zum Essen für die Kinder. Ausweise, falls Ihr welche habt, und Mobiltelefone, um miteinander zu kommunizieren, falls Ihr getrennt werdet.

Fahrt mit dem Wagen bis zur irakischen Grenze. Wahrscheinlich wird er Euch dort abgenommen.

An der Grenze wartet Ihr. Irgendwann wird die Grenze wieder geöffnet.

Vielleicht findet Ihr ein altes Schulhaus. Dort könnt Ihr schlafen.

Gebt besonders Acht, dass die Kinder genügend essen. Sie

You must not get sick.

Exchange information with other fugitives, maybe one of them knows when the border will be open for a moment.

Don't miss this moment and cross the border.

About an hour past the border you will find a refugee camp.

You will be allocated two tents. You'll have been on the road for a week and the kids will be tired.

Finding work is easy. Your husband can work on a construction site to get money for the onward journey.

قد غادرت أختك قبلكم.
قد وصلت إلى سويسرا.
ربما يكون بيتكم الجديد فيها أيضاً.

سيمكنكم أن تكونوا معاً من جديد واصلوا السفر.
سيبكي الأطفال مرات كثيرة.
سيجوعون ويتعبون.

حاولوا مجاوزة الحدود إلى تركيا.
لا تحاولوا اختراق الأسلاك الشائكة.
لا تحاولوا أن تخترقوا المنطقة المراقبة بالدوريات.

سيضربونكم بالهراوات.

dürfen nicht krank werden.

Tauscht Euch mit anderen Fliehenden aus, vielleicht weiss einer, wann die Grenze für einen Moment offen sein wird.

Verpasst diesen Moment nicht und passiert die Grenze.

Etwa eine Stunde hinter der Grenze findet Ihr ein Flüchtlingscamp. Ihr werdet zwei Zelte zugeteilt bekommen. Ihr werdet eine Woche unterwegs gewesen sein und die Kinder werden müde sein.

Arbeit zu finden ist einfach. Dein Mann kann auf einer Baustelle arbeiten, um an Geld für die Weiterreise zu kommen.

If you are only fleeing from the war, I would advise you to stay in this camp and return after the war.

If you also face being persecuted after the war, keep traveling. You need a new home.

After a year, your husband will have earned enough. You can continue your journey with that money.

Your sister left before you did. She has arrived in Switzerland. That's where your new home could be. You could reunite.

Keep traveling.

ستوضع خيمتان تحت تصرفكم.
ستكونون قد سافرتم لمدة أسبوع والأطفال متعبين.

الحصول على العمل سهل. زوجك يستطيع العمل في موقع بناء للحصول على النقود اللازمة لمواصلة السفر.
لو هربتم من الحرب فقط لنصحنكم بالبقاء في هذا المخيم لتعودوا بعد انتهاء الحرب.

أما أنتم فلن تزالوا متعرضين للاضطهاد حتى بعد انتهاء الحرب.
واصلوا السفر. تحتاجون إلى بيت جديد.

بعد سنة سيكون زوجك قد قبض ما يكفي من النقود. سيسمح ذلك لكم بمواصلة السفر.

Wenn Ihr lediglich vor dem Krieg fliehen würdet, würde ich Euch raten, in diesem Camp zu bleiben, um nach dem Krieg zurückzukehren.

Ihr werdet aber auch nach dem Krieg verfolgt. Reist weiter. Ihr braucht ein neues Zuhause.

Nach einem Jahr wird dein Mann genügend verdient haben. Damit könnt Ihr weiterreisen.

Deine Schwester ist vor Euch abgereist. Sie ist in der Schweiz angekommen. Dort könnte auch Euer neues Zuhause sein.
Ihr würdet dann wieder zusammen sein können.

Reist weiter.

The children will cry a lot. They'll be hungry and tired.

Try to cross the border to Turkey.
Don't try to penetrate the barbed wire.
Don't try to get through the patrols.
They'll beat you with clubs.
They'll push you back.
They will not stop at women and children either.

Bribe the officers. They will charge 150 USD per person.
Men will still get beaten up. Your husband too.
But after that, they'll let you pass.

في وقت ما ستُفتح الحدود مرةً أخرى.
ربما تجدون مدرسةً متروكة. هناك تستطيعون أن تناموا.
انتبهوا خاصةً إلى أن يتناول الأطفال من الطعام ما يكفيهم.

يجب ألا يمرضوا.

تكلموا مع غيركم من الهاربين، لعل أحداً منهم يعرف متى ستكون الحدود مفتوحة لمدة شهر.

لا تفوِّتوا هذه اللحظة وجاوزوا الحدود.

وراء الحدود بما يقارب ساعة تجدون مخيم لاجئين.

Die Kinder werden oft weinen. Sie werden Hunger haben und müde sein.

Versucht, die Grenze zur Türkei zu passieren.
Versucht nicht, den Stacheldraht zu durchdringen.
Versucht nicht, durch die Patrouillen zu kommen.
Sie werden Euch mit Knüppeln schlagen.
Sie werden Euch zurückdrängen.
Auch vor Frauen und Kindern werden sie keinen Halt machen.

Bestecht die Beamten. 150 USD pro Person werden sie verlangen. Männer verprügeln sie dennoch. Auch Deinen. Aber danach werden sie Euch passieren lassen.

Look out for a rest stop on the road. It won't be difficult to get a truck driver to take you with him.

The driver sets the conditions. If you want to make headway, accept it.

In Istanbul you can stay with friends for a few nights. But you will soon need your own accommodation, you are simply too many. Tell your husband to get back to work.

Report to the Red Cross in Istanbul. There you will be assisted in completing the asylum applications.

You will have to wait.

خذي زوجة أخيك وأولادها معك أيضاً ستكون فرصكم أكثر وأنتم معاً.
ضعي الأدوية في الحقيبة. الأدوية المسكنة للألم و المضادات الحيوية لجميع الحالات.
الملابس الواقية للشتاء والأحذية المريحة البسكويتات والماء والمأكولات للأطفال.
الوثائق إن كانت لديكم أيتها والهواتف الخليوية لاتصال بعضكم ببعض في حالة أن تفترقوا.

اذهبوا بالسيارة حتى الحدود العراقية. من المحتمل أن تؤخذ منكم هناك.

تنتظرون على الحدود.

Sucht nach einer Autobahnraststätte. Es wird nicht schwierig sein, einen LKW Fahrer dazu zu bewegen, Euch mitzunehmen.

Der Fahrer stellt die Bedingungen. Wenn Ihr weiterkommen wollt, akzeptiert sie.

In Istanbul könnt Ihr für ein paar Nächte bei Bekannten wohnen. Ihr werdet aber schnell eine eigene Unterkunft brauchen, Ihr seid einfach zu viele, um privat unterzukommen. Dein Mann soll sich wieder Arbeit suchen.

Meldet Euch in Istanbul beim Roten Kreuz. Dort wird Euch beim Ausfüllen der Asylanträge geholfen.

Ihr werdet warten müssen.

It will take six months to get the word.
If you're lucky, you'll be allowed to leave.
You will receive the tickets from the Red Cross.

Maybe you'll see your sister again.

من الأفضل أن تتركوا هذا المكان ليس لكم مستقبل هنا.
تدور الحرب ولا أحد يريد وجودكم هنا.

في المستشفى رفضوا معالجتك.

في الشهر السابق اختفى خمسة أولاد من أهل المحلة تعرفين إلى أين نُقلوا.

هل تريدين فعلاً أن تري بناتك الثلاث يكبرن هنا؟ هل تريدين أن تعيشي في الخوف الدائم على أولادك؟

أتركي هذا المكان.

6 Monate wird es dauern, bis der Bescheid kommt.
Wenn Ihr Glück habt, dürft Ihr weiterreisen.
Die Tickets werdet Ihr vom Roten Kreuz erhalten.

Vielleicht wirst Du Deine Schwester wiedersehen.

طريقة واحدة من

سوريا

إلى أوروبا

one way from

Tibet

to Europe

169

Careful whom you talk to. You should not speak about anything in public.

Homeschool your children. Do not expose them to the brainwashing that is practiced in schools.

The exploitation of resources in your valley produces conflict. Your father openly campaigns for social justice and fights against the contamination of groundwater. That makes you a rebel also.

You are not looking for any trouble with the police. You don't want to provoke any violent escalations. You're not in the village during the protests against the contaminated ground, the

اقبلي الأشغال المؤقتة كلما أمكن. ربما تملك عائلتك مجوهرات يمكن أن ترسلها إليك. بيعي المجوهرات لأجل مواصلة السفر.

حاولي مخالطة أهالي إقليمك. لهم نفس احتياجاتك وربما يعلمون الأماكن التي قد ينفعك قصدها. ربما توجد بلاد ترحب بك بسهولة أكثر من غيرها. بلاد أخرى لن تسمح لك بالدخول. في مصلحتك أن يكون لديك مقصد محدد بوضوح.

Achte darauf, mit wem Du sprichst. Du solltest nicht über alles öffentlich sprechen.

Unterrichte Deine Kinder zuhause. Setze sie nicht der Gehirnwäsche aus, die in der Schule praktiziert wird.

Die Ausbeutung der Rohstoffe in Deinem Tal produziert Konflikte. Dein Vater setzt sich öffentlich für soziale Gerechtigkeit ein und kämpft gegen die Vergiftung des Grundwassers. Das macht auch Dich zu einem Aufständischen.

Du suchst keinen Konflikt mit der Polizei. Du möchtest keine gewaltsame Eskalation provozieren. Du bist nicht im Dorf, als gegen die Vergiftung der Böden, die verendenden Kühe und die

dying cattle, or the field in which nothing grows anymore.

Many are arrested, some are never heard from again. Your father too has been missing since this day.

If the police come to your home, hide. Run as far from them as you can. They have come to arrest you as well. You will go missing you like your father.

You might find a hiding place in the stall next to the house, where you can wait for a couple of days. A friend can secretly bring you food and your mother can try to find people who can get you out of here and bring you to a safer place.

ركزي على احتياجاتك وأنت هاربة. لا تطرحي أسئلة على مرافقيك. عندما تكونين قد انطلقت، لا بد لك من الثقة بهم. تواصلي معهم بجملات قصيرة واضحة.

انتفعي من طرقات المرور المألوفة إلى حد الإمكان. ربما يوجد مزار ما أو ما سواه من المواقع الثقافية على مقربة من مقصدك التالي. اختلطي بالمجموعات السياحية القاصدة للمكان الذي تقصدينه أنت.

من المؤكد أنك ستكونين في حاجة إلى النقود. لا يمكن تقدير تكاليف هروبك ويجب ألا تنفد نقودك تحت أي ظروف.

Felder, auf denen nichts mehr wächst, demonstriert wird.

Viele werden festgenommen, von anderen hört man nie wieder etwas. Auch Dein Vater ist seit diesem Tag verschwunden.

Versteck Dich, wenn die Polizei zu Dir nach Hause kommt. Renn davon, sofern Du kannst. Sie kommen, um auch Dich zu holen. Auch Du wirst wie Dein Vater verschwinden.

Vielleicht findest Du im Stall neben dem Haus ein Versteck, in dem Du einige Tage ausharren kannst. Eine Freundin kann Dir heimlich Essen bringen und Deine Mutter kann versuchen, Leute zu finden, die Dich von hier weg und an einen sicheren Ort bringen.

Everyone in this region knows these types of people. You are not the first to grow up in a conflict and seek help leaving this place. Some even make use of this service to study at a university in a neighboring country.

If your mother searches out such a person for you, she should start by asking around amongst friends and relatives. She should ask about their experiences and choose someone who has a large network, namely someone who knows people beyond this valley.

It should be clear to you that it will take some time to find someone.

لا تذهبي إلى البيت لتجمعي حوائجك الخاصة. هو أول مكان يجري البحث عنك فيه. خذي الحبوب المحمرة المطحونة معك. إنها خفيفة ومغذية.

ربما ينفعك حمل مسبحة كذلك.

ستنفعك معرفة اللغات الأجنبية، لا سيما الإنكليزية.

لن يساعدك جواز سفرك على مواجهة الصعوبات. أحصلي لك على جواز جديد ومزور.

تحتاجين إليه لمجاوزة الحدود التالية.

Jeder in dieser Gegend kennt solche Leute. Du bist nicht der Erste, der in Konflikte verwickelt ist und Hilfe sucht, um diesen Ort zu verlassen. Einige nehmen die Dienste dieser Leute auch nur in Anspruch, um in einem Nachbarland an der Universität zu studieren.

Wenn Deine Mutter eine solche Person für Dich sucht, soll sie sich zuerst bei Verwandten und Freunden umhören. Sie soll nach deren Erfahrungen fragen und weise jemanden wählen, der ein grosses Netzwerk hat, jemanden nämlich, der auch Leute jenseits dieses Tales kennt.

Es muss Dir klar sein, dass es einige Zeit dauert, auf diese Weise jemanden zu finden.

You must be able to trust your trip leader, because you will need to follow their instructions no matter what.
A good escort is never aggressive.
Some speak about those who raped women. Never travel with such a person.

With the right person, everything can go very quickly. It might even be a direct trip , with an airplane.

Once the first contact is made, you must wait. You will not be informed of who will come for you. You will be given only the time and location. You do not know where you are being brought or how long it will all last.

المرافق الجيد لا يميل إلى التصرف العدواني أبداً. قد شاع عن بعضهم أن اغتصبوا النساء. لا تسافري مع مثل هؤلاء الناس أبداً.

يمكن أن تسير الأمور بسرعة إذا كنتِ مع الشخص المناسب. ربما تسير أسرع من المنتظر، فتسافرين مباشرةً، بالطائرة. أول ما يتحقق الاتصال الأول يجب أن تنتظري. لن تطلعي على من يأتي يأخذك. سوف تطلعين على الوقت والمكان فحسب.

لا تعلمين إلى أين تؤخذين وكم من الوقت يستغرق كل ذلك. استعيري من الأصدقاء بعض الملابس وغيرها مما تحتاجين إليه لأجل هروبك. لا تأخذي معك إلا ما هو ضروري بشكل مطلق واتركي خلفك كل ما ليس له إلا قيمة مادية.

Du musst Vertrauen in Deine Reiseleiter haben können, denn Du wirst zu jeder Zeit Ihren Anweisungen folgen müssen.

Ein guter Begleiter ist niemals aggressiv. Von einigen hört man, dass sie Frauen vergewaltigt hätten. Reise nie mit solchen Leuten.

Mit der richtigen Person kann alles sehr schnell gehen. Vielleicht geht es sogar direkt, mit dem Flugzeug.

Ist ein erster Kontakt hergestellt, musst Du warten. Du wirst nicht darüber informiert werden, wer Dich abholt. Lediglich der Ort und die Zeit werden Dir mitgeteilt. Du weisst nicht, wohin Du gebracht wirst und wie lange das alles dauert.

Leih Dir von Freunden Kleidung und was Du sonst für Deine

Borrow clothes from your friends and whatever else you need for your escape.
Take only the essentials and leave everything of mere material value behind.
Do not go home to pick up your own things. That's the first place they will look for you.

Bring roasted, milled grain. It is light and nutritious. It might help you to bring a prayer chain.

Knowledge of foreign languages will help you, especially English.

المكان. والحقيقة أن بعض الناس يعتمدون على الخدمات التي يقدمها هؤلاء الأشخاص ليدرسوا في جامعة أحد البلاد المجاورة.

إذا كانت أمك تبحث لك عن مثل هذا الشخص فمن المفضل أن تستعلم الأقارب والأصدقاء. ينبغي أن تسأل عن تجاربهم وتختار بحكمة شخصاً له علاقات مع كثير من الناس، أعني شخصاً يعرف ناساً يعيشون خارج هذا الوادي أيضاً.

يجب أن تدركي أن الحصول على شخص بهذه الطريقة يأخذ بعض الوقت.

يجب أن تستطيعي الثقة بمرشديك ، فإنك مضطرة لاتباع توجيهاتهم في كل وقت.

Flucht brauchst. Nimm nur das Nötigste mit und lass alles, was lediglich einen materiellen Wert hat, zurück.

Geh nicht nach Hause, um Deine eigenen Sachen zu holen. Dort sucht man Dich bereits.

Nimm geröstetes, gemahlenes Getreide mit. Es ist leicht und nahrhaft. Vielleicht hilft es Dir auch, eine Gebetskette mitzunehmen.

Fremdsprachenkenntnisse werden Dir helfen. Englisch am meisten.

Dein Pass wird Dir nicht weiterhelfen. Beschaff Dir einen neuen, einen gefälschten. Du brauchst ihn, um über die nächste Grenze zu kommen.

Your passport will no longer help you. Procure a new, falsified one. You need it to cross the next border.

Concentrate on your needs during the escape. Ask no questions of your escort. Once you have departed, you have no other choice but to trust him. Communicate with them in short, clear sentences.

Whenever possible, use existing roads. Maybe there is a pilgrimage town or another cultural site near your next destination. Merge with other groups of people who want to reach the same place as you.

يلقى القبض على الكثيرين، وآخرون لم يعُد عنهم خبر. والدك هو الآخر اختفى منذ ذلك اليوم.

اختبئي إذا دخل رجال الشرطة بيتك. ابتعدي ركضاً لو استطعت. يأتون لأجل أن يأخذوك أنت كذلك. ستختفين كما اختفى والدك.

ربما تجدين مخبأً في الإسطبل بجانب البيت تستطيعين البقاء فيه لبضعة أيام. تستطيع صديقة لك أن تحضر لك الطعام خفيةً وأمك تستطيع أن تحاول أن تجد ناساً يأخذونك من هنا إلى مكان آمن.

كل من يعيش في هذه المنطقة يعرف مثل هؤلاء الناس. لست أنت أول سن يجد نفسه متورطاً في الصراعات ويبحث عن المساعدة على مغادرة هذا

Konzentriere Dich während der Flucht auf Deine Bedürfnisse. Stell Deinen Begleitern keine Fragen. Bist Du einmal aufgebrochen, hast Du keine andere Wahl, als ihnen zu vertrauen. Kommuniziere mit ihnen in kurzen und klaren Sätzen.

Benutze, wann immer möglich, bestehende Verkehrsrouten. Vielleicht gibt es einen Pilgerort oder einen anderen kulturellen Ort in der Nähe von Deinem nächsten Ziel. Mische Dich unter Reisegruppen, die zum gleichen Ort wie Du gelangen wollen.

Geld wirst Du brauchen. Die Kosten Deiner Flucht sind nicht abzuschätzen und es darf nicht passieren, dass Du kein Geld mehr hast.

You will need money. The cost of your escape is not to be underestimated and it is imperative that you do not run out of money. Take jobs whenever possible. Perhaps your family has jewellery that they can send you. Sell the jewellery to continue on your journey.

Search for other people from your region. They have the same needs as you and might know of a suitable campsite. Perhaps there are countries that will welcome you more readily. Others will reject you. It will help you to have a clearly defined destination.

انتبهي إلى من تتكلمين معه. من الأفضل ألا تتحدثي عن كل شيء علناً. درسي أولادك في البيت. لا تعرضيهم لغسل الدماغ الذي يجري في المدرسة.

استغلال المواد الخام في الوادي الذي تعيشين فيه يسبب الصراعات. يلتزم والدك بالعدالة الاجتماعية علناً ويكافح تسميم المياه الجوفية. ونتيجة لذلك تُعتبرين ثائرة مثله.

لا تبحثين عن الصراع مع الشرطة. لا تحبين أن تثيري التصعيد العنيف. لست موجودة في القرية عندما تقام المظاهرات ضد تسميم الأراضي ونفوق البقر وبوار الحقول.

Nimm, wann immer möglich, Jobs an. Vielleicht hat Deine Familie Schmuck, den sie Dir schicken kann.

Verkaufe den Schmuck, um weiterzureisen.

Such die Nähe zu anderen Menschen aus Deiner Gegend. Sie haben dieselben Bedürfnisse wie Du und wissen vielleicht, welche Orte geeignete Ziele für Dich sein könnten. Vielleicht gibt es Länder, die Dich eher willkommen heissen. Andere werden Dich abweisen. Es wird Dir helfen, wenn Du ein klar definiertes Ziel hast.

طريقة واحدة من

التبت

إلى أوروبا

one way from the

United Arab Emirates

to Europe

Your husband is not allowed to work here any more. Your residence permits won't be renewed. You must go. This time you don't have much time to plan your trip.

Do not think of returning to your homeland. You fled the war there five years ago. The war is not over. You cannot go back. Better to pack up all your experiences and travel to a new home before you get arrested.

Leave your oldest daughter behind. She can stay as long as she is still a student.

Search for a new destination carefully. Consider whether there are already a lot of refugees there, which might lower

الإنترنت. لذلك لا تأخذ العمليات إلا أربعة أيام. أطلبي منه أن يحجز الرحلات بالطائرة أيضاً. اقبلا عرضه بالسكن عنده أثناء هذا الوقت.

اركبا الطائرة وأدخلا البلد الذي ينتظر أولادك فيه. إذا سُئلت لدى الجمرك فأجيبي. إن لم تفهمي السؤال فحاولا الركض. ليس لكما إلا فرص قليلة للحصول على اللجوء.

إن ألقي القبض عليكما، فارويا كل القصة. لا تزوقاها وتمسكا بالرواية الأولى دائماً.

Dein Mann darf hier nicht mehr arbeiten. Eure Aufenthaltsbewilligung wird nicht erneuert. Ihr müsst gehen. Dieses Mal hast Du nicht viel Zeit, um Deine Reise zu planen.

Denk nicht daran, in Deine Heimat zurückzukehren. Von dort bist Du vor 5 Jahren vor dem Krieg geflohen. Ihr könnt nicht zurück. Der Krieg ist nicht zu Ende. Packt lieber all Eure Erfahrungen zusammen und Reist in eine neue Heimat, bevor Ihr inhaftiert werdet.

Lass Deine älteste Tochter zurück. Solange sie studiert, darf sie bleiben.

Suche Deinen neuen Zielort mit Bedacht. Überlege, wo es schon

your chances of being able to stay. Consider a place where you (or your husband) know people. Maybe he or she can help.

Apply for a vacation visa in a country close to your chosen destination. Buy a plane ticket for you, your husband, and the children. Do not forget to book a return ticket as well. Borrow money so that you can demonstrate a large balance on your account. Otherwise you have no chance of getting a visa.

Upon arrival inquire about further courses of action. Both you and your husband will have to return at some point or else your oldest daughter will be arrested. But at least you can try and save your children.

لا تنظري إلى الوراء. لا تساعدي إلا نفسك. من لا يحصل على مقعد في الحافلة يجب أن يستمر مشياً.

إن لم يكن معك ملابس احتياطية جافة فسوف تحسين بالبرد. يأخذ السير ليلة كاملة. ثم تُنزَلان.

لا تستريحي. اركبي القطار واتجهي إلى نقطة الالتقاء التالية. أدعي بأن يكون المساعد قد اتصل بصديقه فعلاً. أذكري كلمة سرك عندما تتصلين به. ادفعي ٦٠٠٠ يورو لأجلكما. لا يتم إعداد مواصلة سفرك إلا بعد ذلك.

انتظري أن تأتي جوازات السفر الجديدة. يطلبها مساعدك على

viele Flüchtlinge gibt und deshalb Eure Chancen, bleiben zu können, eher klein sind. Überlege, wo Du - oder Dein Mann - jemanden kennst. Vielleicht kann er oder sie helfen.

Beantrage ein Urlaubsvisum in ein Land, das nahe dem von Dir gewählten Zielort liegt. Kauf ein Flugticket für Dich, Deinen Mann und die Kinder. Vergiss nicht, auch das Rückflugticket zu buchen. Leih Dir Geld, damit Du einen hohen Kontostand vorweisen kannst. Sonst hast Du keine Chance, ein Visum zu erhalten.

Erkundige Dich bei der Ankunft über die weiteren Vorgehensweisen. Du und Dein Mann, werdet nochmals zurückreisen, sonst wird die älteste Tochter inhaftiert. Rette also als erstes Eure Kinder.

Call your friend and ask him to pick up your children. If he consents, buy a train ticket for your young daughter and son. Say goodbye to them and put them on the train.

Your children will live with your friend for a week, then they should register as asylum seekers. They will be housed in a camp for unaccompanied children. Most of the children there have experienced terrible things. It will be difficult for your children when they are confronted with this.

Be happy that they are allowed to go to school, even if the others who are not so lucky might get jealous and become hostile.

كونا جاهزين في الساعة الخامسة بعد الظهر. لا يوجد إلا هذه الحافلة الواحدة. انزلا في حقل مفتوح وواصلا السفر مشياً. امشيا مع المجموعة. لا تتخلفا. لا أحد ينتظر.

تصرفي بهدوء. لا تحاولي أن تعلمي من هو المساعد في المجموعة. شكله يماثل شكلك وسلوكه يماثل سلوكك أيضاً.

جرّي القارب لمدة أنت كذلك. امشيا في الظلام لمدة ساعات إلى أن تصلان إلى النهر. أنفخا القارب. ساعدا الآخرين على شد حبل بين الضفتين. اركبا القارب وجرا أنفسكما بالحبل إلى الضفة الأخرى. انزلا وأركضا. أركضا إلى الحافلة.

Ruf Deinen Bekannten an und bitte ihn, dass er dei Kinder abholt. Wenn er einwilligt, kauf Deiner kleinen Tochter und Deinem kleinen Sohn ein Zugticket. Verabschiede Dich von ihnen und setze sie in den Zug.

Deine Kinder werden eine Woche bei dem Bekannten wohnen, dann sollen sie sich als Asylsuchende anmelden. Sie werden in einem Camp für unbegleitete Kinder untergebracht. Die meisten anderen Kinder dort haben Schlimmes erlebt. Es wird auch für Deine Kinder schwierig sein, wenn sie damit konfrontiert werden.

Freu Dich, dass sie in die Schule gehen dürfen. Auch dann, wenn jene, die nicht dürfen, feindselig und neidisch werden können.

Bring all aspects of your life in this region to an end. Terminate your lease, sell your car, get rid of your belongings. Register your departure with the authorities. Your daughter can stay until she finishes her studies.

Then travel to your children. They miss you.

You must travel a dangerous route. After registering your departure, you won't be able to obtain a vacation visa anymore. Say goodbye to your oldest daughter. You will not see her for a long time.

Seek out helpers. Meet with them and negotiate. Pay 3,000 euros. Yokohama is your password.

حق في البقاء إلى أن تنتهي دراساتها.

ثم اتبعا ولديكما. سوف يفتقدانكما.

يجب أن تسافرا عن الطريق الخطير. لم يعد لكما حق في الحصول على تأشيرة سياحية بعد تسجيل المغادرة. ودعا بنتكما الأكبر. لن ترياها مرة أخرى لمدة طويلة.

ابحثا عن المساعدين. تلتقين وتتفاوضين معهم. ادفعي ٣٠٠٠ يورو. كلمة سرك هي يوكوهاما.

خذي معك كل النقود وجواز سفرك. ضعي أحذية جيدة ومصباحاً يدوياً في الحقيبة. لا تنسي كلمة السر تحت أية ظروف.

Schliess dann mit Deinem Leben hier ab. Kündige die Wohnung, verkauf Dein Auto, werde Dein Hab und Gut los. Meldet Eure Abreise bei den Behörden an. Eure Tochter darf bleiben, bis ihr Studium abgeschlossen ist.

Reist dann Euren Kindern nach. Sie vermissen Euch.

Ihr müsst auf der gefährlichen Route reisen. Ein Urlaubsvisum könnt Ihr nach der Abmeldung nicht mehr bekommen. Verabschiedet Euch von Eurer ältesten Tochter. Ihr werdet sie lange nicht mehr sehen.

Sucht nach Helfern. Du triffst Dich mit ihnen und verhandelst. Zahle 3'000 Euro. Yokohama ist Dein Passwort.

Take all your money and your passport with you, pack good shoes and a flashlight. Whatever happens, don't forget your password.

Be ready at 5 pm. There is only one bus. Disembark into an open field and continue the journey by foot. Walk with the group. Don't lag behind. No one waits.

Conduct yourself calmly, don't try to find out who is the helper in the group. He looks like you, he acts like you.

Help to drag the boat for a while. Walk for hours in the dark until you reach the river. Inflate the boat. Help the others to stretch a rope between the riverbanks. Board the boat and pull the boat along the rope to the opposite bank. Get out of the

تذكرة قطار لبنتك الصغيرة وابنك الصغير. ودعيهما وأركبيهما القطار.

سيسكن ولداك معه لمدة أسبوع، ثم عليهما أن يسجلا أنفسهما كملتمسي لجوء. يتم إيواؤهما في مخيم مخصص للأولاد غير المصحوبين. أكثر الأولاد المتواجدين فيه اجتازوا تجارب أسوأ. سوف تؤثر مواجهة ذلك على ولديك كذلك.

افرحي بأنه يُسمح لهما بالذهاب إلى المدرسة ولو أمكن أن يعاديهما الذين لا يُسمح لهم بذلك ويحسدوهما.

أما بعد فاختتمي حياتك هنا. ألغي عقد إيجار الشقة، بيعي سيارتك، تخلصي من ممتلكاتك. سجلا مغادرتكما لدى السلطات. أما بنتكما فلها

Nimm all Dein Geld und Deinen Pass mit, pack gute Schuhe ein und eine Taschenlampe. Vergiss auf keinen Fall das Passwort.

Seid um 17 Uhr bereit. Es gibt nur diesen einen Bus. Steigt auf dem freien Feld aus und setzt die Reise zu Fuss fort. Lauft mit der Gruppe. Bleibt nicht zurück. Niemand wartet.

Verhalte Dich ruhig, versuche nicht, herauszufinden, wer in der Gruppe der Helfer ist. Er sieht aus wie Du, er verhält sich wie Du.

Schlepp auch Du das Boot eine Weile. Lauft stundenlang in der Dunkelheit, bis ihr den Fluss erreicht. Pumpt das Boot auf. Helft den anderen, ein Seil zwischen den Ufern zu spannen. Steigt in das Boot und zieht Euch dem Seil entlang zum anderen Ufer.

boat and run. Run to the bus.

Don't look back. Help only yourself. Whoever doesn't manage to get a place on the bus must continue by foot.

If you don't have an extra pair of dry clothes on you, you will freeze. The drive takes a whole night. Then they will let you off.

Do not rest. Board the train and travel to the next meeting point. Hope that your helper has actually contacted his friend. Give the password when you call him. Pay 6,000 euros for both of you. Only then can the rest of the trip be planned.

Wait for the new passports to come. Your helper orders them

تعرفان شخصاً ما. ربما يستطيع المساعدة.

أطلبي تأشيرة سياحية لدخول بلد قريب من المقصد الذي اخترته. اشتري تذكرة طائرة لك ولزوجك وأولادك. لا تنسي حجز تذكرة الإياب أيضاً. استعيري نقوداً، الأمر الذي يسمح لك بأن تقدمي رصيد حساب عالياً. وإلا فلا فرصة لك للحصول على تأشيرة.

استعلمي عن الإجراءات التالية في وقت الوصول. سوف تعودان أنت وزوجك مرةً أخرى وإلا فتخضع بنتكما الأكبر للحبس. إذاً فأنقذي حالياً أولادك على الأقل.

اتصلي بأحد المعارف وأطلبي منه أن يأخذ أولادك. إن وافق، فاشتري

Steigt aus und rennt. Rennt zum Bus.

Schau nicht zurück. Hilf nur Dir selbst. Wer keinen Platz im Bus ergattert, muss zu Fuss weiter.

Hast Du keine trockenen Ersatzkleider dabei, wirst Du frieren. Die Fahrt dauert eine ganze Nacht. Dann werdet Ihr abgesetzt.

Raste nicht. Steig in den Zug und fahr zum nächsten Treffpunkt. Hoffe, dass Dein Helfer seinen Freund wirklich kontaktiert hat. Sag das Passwort, wenn Du ihn anrufst. Zahle 6'000 Euro für Euch beide. Erst dann wird Deine Weiterreise geplant.

Warte bis die neuen Reisepässe kommen. Dein Helfer bestellt sie online, deshalb dauert es nur 4 Tage. Lass ihn auch die Flüge

online, so it only takes four days. Let him book the flights too. Accept the offer to stay with him during this time.

Board the flight and travel to the country where your children are waiting. If you are questioned at customs, answer them. If you don't understand the question, try to run. You have little chance of getting asylum.

If you are arrested, tell the entire story. Do not embellish and always stay true to the first story.

لم يعد لزوجك حق في العمل هنا. لا تُجدد رخصة عملكما. يجب أن تذهبا. في هذه المرة ليس لديك الكثير من الوقت للتخطيط لسفرك.

لا تفكري في العودة إلى بلدك. إنك هربت من هناك من الحرب قبل خمس سنين. لم تنته الحرب. لا يمكنكما أن تعودا. من الأفضل أن تستفيدا من كل تجارَبكما وارحلا إلى وطنكما الجديد قبل أن يتم حبسكما.

أتركي بنتك الأكبر خلفك. طالما تدرس في الجامعة يُسمح لها بالبقاء.

ابحثي عن مقصدك الجديد عن روية. فكري في الأماكن حيث يوجد الكثير من اللاجئين و، من ثم، قد تكون فرصكم للبقاء قليلة. فكري أين

buchen. Nehmt das Angebot an, während dieser Zeit bei ihm zu wohnen.

Steigt in das Flugzeug und reist in das Land, wo Deine Kinder warten. Wenn Du am Zoll gefragt wirst, gib Antwort. Wenn Du die Frage nicht verstehst, versucht zu rennen. Ihr habt wenig Chancen auf Asyl.

Wenn Ihr festgenommen werdet, erzählt die ganze Geschichte. Schmückt sie nicht aus und bleibt stets bei der ersten Erzählung.

طريقة واحدة من

الإمارات العربية المتحدة

إلى أوروبا

طرق للهروب من بلدك السابق